Francesco Maggio

De schijnwerper
op de islam

Een praktische handleiding
om antwoord te geven
op de meest voorkomende vragen van moslims

VTR

Ik wijd dit boek aan mijn broeders in Christus:
Randy Lawler
Paul Stilli
Godfrey Miller,
die de Here heeft gebruikt
om mij te onderwijzen in deze jaren van dienst.

Belangrijk is ook geweest de bijdrage van mijn vrouw Monika aan deze handleiding. Zonder haar inzet zou dit boek niet tot stand zijn gekomen. Moge de Here hen voortdurend zegenen.

© 2013, Francesco Maggio
Oorspronkelijke titel: Luce sull'islam
Alle rechten voorbehouden. Daarom is het zonder de schriftelijke toestemming van de schrijver verboden om de inhoud van dit boek op te slaan in data systemen en te vermenigvuldigen in wat voor vorm of manier dan ook (elektronisch, mechanisch, met lichtdrukken of bandopnames), met uitzondering van korte aanhalingen in recensies.

ISBN 978-3-941750-03-6

VTR, Gogolstr. 33, 90475 Nürnberg, Duitsland
http://www.vtr-online.eu

Afbeelding op de kaft: Mevlana Moskee (Rotterdam)
© Ruud Zwart, Rotterdam

De gebruikte Nederlandse vertaling van de Koran is ontleend aan:
De Koran, vertaling F. Leemhuis, 1989, Unieboek BV.
De bijbelverzen zijn ontleend aan de vertaling van het Nederlands Bijbelgenootschap (1951).

Druk: Lightning Source

Inhoud

Voorbericht 5
Opmerkingen vooraf 8
Inleiding 11

Hoofdstuk 1
Tegenwerpingen van de islam 13
1. "De Bijbel is veranderd" 13
2. "God heeft geen zoon van vlees en bloed (Jezus)" 20
3. "De christenen aanbidden niet één God, maar drie." 22
4. "God kan onmogelijk mens worden" 29
5. "Jezus is niet gekruisigd" 32
6. "Jezus is slechts tot Israël gezonden, Mohammed tot de hele wereld" 39
7. "Jezus is een profeet als alle andere" 41

Hoofdstuk 2
Hoe moeten we antwoorden als moslims ons zeggen: 46
1. "In de Bijbel staan profetieën over Mohammed" 46
2. "Alle profeten zijn zonder zonde." 50
3. "Men wordt gered door goede werken." 51

Hoofdstuk 3
De christenen onderzoeken de Koran 53

Eerste deel 53

Tweede deel
Hoe moeten we antwoorden als ze zeggen: 60

"De Koran is Gods Woord omdat hij geopenbaard is aan een profeet die analfabeet was" 60
"De Koran is geopenbaard in volmaakt Arabisch". 66
"De Koran van vandaag is de versie die aan Mohammed is geopenbaard". 69

Eerste aanhangsel
Enkele aanbevelingen voor evangelisatie onder moslims 80

Tweede aanhangsel
De islam in het kort 83

Derde aanhangsel
Verdere verklaringen 86

Verklarende woordenlijst 92

Bibliografie 96

"Wees altijd bereid tot verantwoording
aan al wie u rekenschap vraagt
van de hoop die in u is,
doch met zachtmoedigheid en vreze..."
(I Petrus 3:15-16)

Voorbericht

En **Jezus** antwoordde en zeide tot hen: Ziet toe, dat niemand u verleide! Want velen zullen komen onder Mijn naam en zeggen: Ik ben de Christus, en zij zullen velen verleiden... En vele valse profeten zullen opstaan en velen zullen zij verleiden... Indien men dan tot u zegt: Zie, Hij is in de woestijn, gaat er niet heen; zie, Hij is in de binnenkamer, gelooft het niet... (Mattheüs 24:4, 11, 26).

In de laatste jaren hebben verschillende verschijnselen de aandacht van de Kerk getrokken. Eén daarvan is de wereldwijde groei van de islam. De oproep van de moslims tot het gebed heeft ook de Kerk wakker gemaakt! Toch zijn veel christenen ongerust over de islamitische herleving van de laatste dertig jaar. De geschiedenis heeft geleerd wat voor invloed het islamitische geloof kan hebben op de loop van de wereldgeschiedenis. Daarom is de islam heden ten dage een hoofdonderwerp geworden in de gebeden en de belangstelling van de christelijke Kerk. Het gevaar is echter dat de islam gewoon een gespreksonderwerp wordt, een conferentiethema, iets "interessants" voor christenen. Door er alleen maar over te spreken en te schrijven bereik je weinig. We zouden ons moeten afvragen: **"Hoe wil God dat we antwoord geven op deze uitdaging?"**

We moeten zeker doorgaan alles te leren wat we kunnen over de islam en zijn invloed in de wereld, maar we moeten ons ook laten aanvuren tot de daad, aangezien slechts een heel klein gedeelte van de christelijke inzet en evangelisatie is gericht op de moslimwereld. Tot nu toe zijn onze initiatieven op het gebied van de islam zeer zeker erg verwaarloosd.

De doelstellingen van deze handleiding
(II Timotheüs 2:24-25)

Enerzijds dient deze handleiding om de gelovigen, die haar lezen, op te wekken om de moslims het Evangelie te brengen en ze tot het geloof in Christus te leiden. Deze handleiding laat u bovendien vooraf weten wat hun **voornaamste en meest voorkomende** tegenwerpingen en hun gebruikelijke antwoorden zijn, zodat u met de Bijbel in de hand gemakkelijk hun argumenten kunt weerleggen. Het materiaal is zò gerangschikt dat iedereen meteen toegang krijgt tot de gewenste inlichtingen en tot een eenvoudig gebruik ervan.

De inhoud van dit geschrift is beperkt omdat het alleen rekening houdt met de islamitische aanwezigheid in Nederland. Met andere woorden, de materie wordt hier niet diepgaand behandeld om bij voorbeeld tot nut te zijn voor christenen in Engeland, waar de christelijk-islamitische dialoog ingewikkelder en uitgebreider is geworden dan tot nog toe in Nederland het geval is. Het is niet uitgesloten dat de moslims van "morgen" in Nederland net zo goed voorbereid zullen zijn als hun lotgenoten in het buitenland. Als we ons echter nù al voorbereiden, zullen we voor de dag van morgen beter toegerust zijn.

Deze handleiding is gemakkelijk te raadplegen. Het geeft u suggesties over de wijze van presenteren van het Evangelie, over hoe te spreken en hoe gericht te antwoorden op de vragen en twijfels van de moslims in Nederland, zodat ze begrijpen waarom u gelooft in de Heilige Schrift en, minstens zo belangrijk, ze zich meer openstellen voor Jezus (II Timotheüs 2:24-25).

Het andere doel van deze handleiding (en daar bidden wij ook om) is dat de moslims niet alleen met het Evangelie worden bereikt, maar ook dat zij door Gods genade Hem mogen leren kennen die hen **voor tijd en eeuwigheid** kan redden van het eeuwig verderf, namelijk Jezus de Messias, als ze Hem aannemen als hun **persoonlijke Redder** (Johannes 20:31). Deze studie wil dan ook ieder, die zich rekent tot de moslimgemeenschap, uitdagen de basis van Gods heilsplan in Christus ernstig te onderzoeken.

Broeders en zusters in Christus, misschien zou u allang tot uw moslimvrienden hebben getuigd, als u maar een beetje onderricht had gehad over hoe je met ze moet spreken. Ik herhaal dat deze bescheiden handleiding, vrucht van mijn ervaringen met mijn moslimvrienden, geschikt is voor dit doel. Als zodanig biedt ze slechts een allernoodzakelijkst overzicht van de islamitische leer en zeker geen uitputtende behandeling. Deze handleiding wil degene toerusten die onvoldoende wetenschappelijke kennis van de islamitische leer heeft en zich tóch beter wil voorbereiden, maar niet weet welke boeken hij kan raadplegen voor zijn studie. Die persoon vindt in dit boek een praktisch hulpmiddel om het Evangelie aan zijn of haar moslimvrienden te brengen.

Opmerkingen vooraf

Contactpunten tussen moslims en christenen

1. We zullen zien dat enkele bijbelse waarheden niet volledig onbekend zijn onder onze moslimvrienden. Deze kostbare mensen geloven in een godsdienst, "de godsdienst van God". Als iemand tot ze zegt: *"De islam is een valse godsdienst, Allah is God niet, jullie moeten Jezus de Zoon van God aanvaarden, Hij is de Enige die jullie tot God brengt"*, dan lopen ze meteen weg omdat zo iemand hun heilige en volmaakte godsdienst heeft tegengesproken. Laten we daarentegen gebruik maken van de weinige waarheden die ze kennen om hen de grondwaarheden te laten ontdekken die nodig zijn voor hun redding in Jezus Christus, de Zoon van God.

Als we in ons spreken met hen fijngevoelig zijn in plaats van muren op te richten, zal het ons lukken Gods liefde met hen te delen, met als resultaat dat ze dikwijls dichter bij Jezus komen. Deze praktische handleiding maakt het de gelovige in Christus gemakkelijker om met moslims om te gaan en om doeltreffender het Evangelie met hen te delen, ook al heeft hij weinig kennis van de leer van Mohammed. Als u na lezing van dit boek de kans hebt om tot een moslim te getuigen, pas er dan voor op dat u hem niet indirect gaat onderwijzen wat hijzelf van de Koran zou moeten weten, want dat heeft een averechts effect. Niet alle moslims kennen de islamitische dogma's die in dit boek ter sprake komen. Dikwijls zullen de moslims, die bij een verkeerslicht de ruiten van uw auto wassen, slechts ingaan op enkele dingen die we in dit boek zullen bespreken, terwijl de meer ontwikkelde er vele van zullen kennen. Het is uw taak om te bepalen of u met een ontwikkelde of minder onderlegde moslim te maken hebt, om zo het juiste vriendschappelijke gesprek te kunnen voeren.

2. Beschouw deze handleiding als een bescheiden startpunt. Het is niet nodig om alles uit het hoofd te leren. De bijbelverzen die ik aanhaal en mijn argumenten die de islamitische leer bestrijden, zijn slechts suggesties. U zult zelf uw persoonlijke methode moeten vinden, zo mogelijk zonder al te veel af te wijken van het spoor dat ik u voorleg.

Het is raadzaam een eigen Koran te hebben om persoonlijk na te gaan wat de moslims geloven. Het boek is gemakkelijk te vinden in de boekwinkels.

3. In dit handige boekje vindt u de argumenten en de antwoorden op kwesties die **vaak** te berde gebracht worden door uw moslimvrienden. Het beperkt zich tot het schetsen van wat ze in het algemeen geloven, vermeldt de hoofdstukken van de Koran waarop hun geloof is gebaseerd (om de lezer te helpen die een Koran heeft) en analyseert de tegenstrijdigheden daarin. In dit boek worden deze knelpunten onderzocht.

Er zijn enkele (niet vele!) contactpunten tussen de Koran en de Bijbel. U moet nooit vergeten dat de Koran "een andere Jezus" predikt en dat de Koran "een ander Evangelie" is (Galaten 1:6-9). Daarom moet u, als u met een moslimvriend spreekt, niet te veel aandacht schenken aan de Koran, anders wekt u de indruk dat uzelf in de Koran gelooft.

De kennis maakt opgeblazen, de liefde sticht ...

4. De mensen corrigeren en onderwijzen opdat ze Jezus aannemen betekent niet dat wij ze verpletteren met onze kennis. U zult het er mee eens zijn dat dàt niet echt christelijk is.

Ook bij goedbedoelde evangelieverkondiging kan het gebeuren dat we zeer ongewenste resultaten boeken door ons gebrek aan begrip en fijngevoeligheid. **Wanneer u met een moslim praat over wat we in dit boek bespreken, stel hem dan vragen die hem helpen om rustig na te denken en de waarheid van de leugen te onderscheiden.** Laat hem, en niet u, de conclusies trekken, anders voelt hij zich "aangevallen" en zal hij zich genoodzaakt zien zich te verdedigen, wat ertoe kan leiden dat hij Jezus afwijst. Als we hem niet rustig laten nadenken en geduldig zijn antwoorden afwachten, zullen we hem niet echt helpen. Vertel de bijbelse waarheden met gelijkenissen en voorbeelden, zoals Jezus ons dat heeft voorgedaan. Gebruik illustraties en vertel uw eigen ervaringen om hem te helpen het Evangelie te begrijpen. Volg deze raadgevingen op en u zult verbaasd staan over de doeltreffendheid van deze methode. Het zullen niet uw krachtige argumenten zijn die de zielen winnen, maar de **liefde**. Daarom moeten we met hen praten onder de leiding van de Here, bedenkend wat we allen al weten: **het is de Heilige Geest die de zielen overtuigt.**

Wat niet minder belangrijk is: Vraag aan uw medegelovigen u te **ondersteunen in het gebed** als u van plan bent te getuigen tot uw islamitische vrienden en buren. We weten allen dat de Bijbel ons waarschuwt om *"niet tegen vlees en bloed te strijden, maar tegen de duivelse machten in de hemelse gewesten."*

Gebruikte bronnen

De door de vertaler gebruikte Nederlandse vertaling van de Koran is ontleend aan: De Koran, vertaling F. Leemhuis, 1989, Unieboek BV.

Hadith Al-Bukhari: in dit boek gebruik ik de overlevering van de woorden en daden van de profeet van de islam. Deze islamitische bron is geschreven door trouwe moslims en geniet het volste vertrouwen van islamieten in heel de wereld.

De bijbelverzen zijn ontleend aan de vertaling van het Nederlands Bijbelgenootschap (1951).

De schuin en vet gedrukte woorden in de aanhalingen uit de Bijbel en de Koran zijn voor rekening van de schrijver, met de bedoeling bepaalde ideeën te benadrukken.

Bij het tot stand komen van deze handleiding is rekening gehouden met het huidige niveau van de apologie tussen christenen en moslims in Nederland. De handleiding dient om de evangelisatie onder moslims te bevorderen en bevat grotendeels een **uittreksel** van berichten en inlichtingen. Het is vrucht van de dagelijkse ervaring die de schrijver in de laatste jaren heeft opgedaan met zijn moslimvrienden. Als zodanig pretendeert deze handleiding niet al het godsdienstig onbegrip tussen moslims en christenen op te lossen.

Inleiding

Iets over de geschiedenis van de islam

Oorsprong

De islamitische godsdienst is gesticht door Mohammed die, volgens de moslims, de grootste is geweest van alle profeten. Hij werd geboren in 570 n.C. te Mekka in Saoedi-Arabië.

De Koran stelt dat hij op een dag de aartsengel Gabriël in menselijke gedaante heeft gezien in een grot op de berg Hira, waar hij zich vaak terugtrok om te bidden. Die engel zei hem: *"Oh Mohammed, gij zijt de boodschapper van Allah en ik ben Gabriël."* Mohammed zegt dat hij nadien andere openbaringen van Allah heeft ontvangen, die hem tot opvolger stempelden van de vroegere profeten, waaronder Noach, Abraham, Mozes en Jezus.

Mohammed profileerde zich met passie onder zijn volksgenoten als de laatste boodschapper die Allah tot de wereld had gezonden. Hij noemde zich *"de Profeet"* bij uitstek. De heidenen, de Joden en de christenen verzetten zich met kracht tegen zijn stoutmoedige beweringen. Na enkele jaren vervolgd te zijn begon de profeet oorlog te voeren tegen deze *"trouwelozen"*. Kort daarna stichtte hij zijn jonge gemeenschap als een theocratische staat en het volk wijdde hem tot opvolger van Mozes.

Mohammed stierf in 632 na tien jaar van gewapende strijd en oorlogen. Op dat moment was het grootste deel van Arabië al onderworpen aan zijn godsdienst, de islam.

De islam raakt verdeeld

Toen Mohammed stierf had hij geen mannelijke erfgenamen om zijn geestelijk gezag voort te zetten. Hij stierf onverwachts, zodat hij ook niet de mogelijkheid had een opvolger te benoemen. Na zijn dood ontstonden twee hoofdstromingen: de **soennieten** (de orthodoxe moslims) en de **sjiieten**, die ongeveer 10 % van de moslims in de wereld omvatten en voornamelijk te vinden zijn in het huidige Iran. De eeuwenlange conflicten en wrijvingen tussen deze twee partijen zijn tot op de dag van vandaag nog niet opgelost. Denk maar aan de oorlog tussen Iran en Irak in de jaren '80. In de laatste tijd zijn ook

Arabië en de Taliban van Afghanistan in conflict met de sjiieten. Volgens de traditie voorspelde Mohammed zelf al dat zijn volgelingen door onenigheid zich zouden splitsen in 73 sekten. Veel deskundigen zijn het erover eens dat er vandaag zelfs meer islamitische sekten zijn dan Mohammed voorzag.

Wat is de Koran?

De geschiedenis bewijst dat de Koran nog niet als boek bestond toen Mohammed stierf. Het was noodzakelijk hem samen te stellen en die taak werd ondernomen door kalief *Abu Bakr*. Het was een heel moeilijk werk omdat Mohammed de samenstelling van de Koran niet had bevolen en ook geen opvolger had aangesteld. Het woord *"Koran"* betekent *"opzeggen"* en zijn inhoud moet dus worden gereciteerd.

De Koran is samengesteld uit verhalen over bijbelse en niet bijbelse personen en bevat een verzameling van leerstellig, wettelijk en moreel onderricht. Volgens de islamitische traditie moesten de samenstellers van de Koran uitsluitend afgaan op de herinneringen van de metgezellen van Mohammed. Het onderwijs van Mohammed, dat deze metgezellen doorgaven, was echter niet gelijkluidend, waardoor een groot deel ervan werd geschrapt door het *"koranisch concilie"*. Veel metgezellen van Mohammed hadden zijn openbaringen uit het hoofd geleerd, maar ze stierven in de gevechten voordat ze de gelegenheid hadden ze door te geven. Daarom deden de kaliefen hun uiterste best de Koran op te stellen vòòrdat een groot deel van de openbaringen van Mohammed verloren zou gaan. Het resultaat is dat we nu een Koran hebben die fragmentarisch en duister is, zoals u verderop zult ontdekken. Het grootste deel van de moslims in Nederland is niet op de hoogte van de ontstaansgeschiedenis van hun heilig boek en van de problemen die het oproept. Bovendien passen de godsdienstige islamitische autoriteiten er tot op heden erg voor op om deze ontwikkelingsproblemen van de Koran openbaar te maken.

In deze handleiding zullen we dit belangrijk onderwerp behandelen als we de historische wortels onderzoeken die de Koran kenmerken. Tegenwoordig wordt de islam in heel de wereld en tot elke prijs door zijn aanhangers verbreid en opgedrongen aan de "trouwelozen". De moslims hebben daar soms hun leven voor over. Het gevolg is dat de islam, na het katholicisme, de tweede wereldgodsdienst is geworden.

Hoofdstuk 1
Tegenwerpingen van de islam

1. "De Bijbel is veranderd"

Het algemene idee dat de moslims van de Bijbel hebben, is dat de Joden en de christenen de Heilige Schriften hebben vervalst, met name de Thora, de Psalmen en het Evangelie.

Er zijn in de Koran inderdaad vier verzen die daarop betrekking zouden kunnen hebben, maar daarin worden op zijn hoogst de Joden aangeklaagd de Schriften te hebben gewijzigd. Het is belangrijk om onze moslimvrienden er op te wijzen dat de Koran nergens de christenen rechtstreeks aanklaagt de Heilige Schrift te hebben verdraaid *(tahrif)*.

Houd er rekening mee dat de moslims zich aan de Koran houden omdat het voor hen het woord van Allah is. Het getuigenis van hun heilig boek over de Bijbel is echter volkomen in tegenspraak met hun traditionele geloofsopvattingen. De Koran spreekt over *De mensen van het Boek (Hal-el-chitab),* waarmee de christenen en de Joden worden aangeduid die *de Heilige Schriften bezitten.*

De volgende drie soera's spreken niet over schriftelijke, maar alleen over **mondelinge** verdraaiing door enige Joden.

"Begeren jullie dan dat zij geloof aan jullie hechten? En dat terwijl er onder hen een groep is die Gods woord gehoord had. Toen **verdraaiden** *(tahrif)* ze het, nadat zij het begrepen hadden en terwijl zij beter wisten." (soera 2:75).

"Onder hen die het Jodendom aanhangen zijn er die de woorden verdraaien *(tahrif)* door ze uit hun verband te halen en die zeggen: 'Wij hebben gehoord en zijn opstandig geworden' en 'Hoor' zonder dat het hoorbaar is, en 'Eerbiedig ons' met verdraaiing van hun tongen en belastering van de godsdienst" (soera 4:46).

"Maar, vanwege het verbreken van hun verdrag hebben Wij hen vervloekt en hun harten hard gemaakt. Zij verdraaien *(tahrif)* de woorden door ze uit hun verband te halen en zij zijn een deel vergeten van dat waartoe zij aangemaand waren" (soera 5:13).

Het Arabische woord dat in deze drie soera's wordt gebruikt is *tahrif*, dat specifiek een *fonetische verandering van een woord* aangeeft (Arabic-English Dictionary, Hans Wehr).

In de Koran wordt de aanklacht van **schriftelijke** vervalsing waarschijnlijk toegeschreven aan de Joden en dat alleen in soera 2:79, ook al omschrijft de Koran niet duidelijk van wie hier sprake is:

> "Wee hen die het boek eigenhandig schrijven en dan zeggen: 'Dit komt van God' om het voor een lage prijs te versjacheren. Wee hen dus om wat hun handen hebben geschreven en wee hen om wat ze eraan hebben verdiend" (soera 2:79).

In al de jaren dat ik het Evangelie met de moslims deel, heb ik onder hen zelden iemand gevonden die ook maar één van deze vier soera's aanhaalde ter bevestiging van zijn beweringen. De grote meerderheid onder hen weet niet te vertellen waar precies de Koran de christenen aanklaagt de Schriften te hebben vervalst, en dus kunnen ze het niet bewijzen.

Hei is mogelijk dat iemand van onze vrienden bovenstaande soera's wèl kent, maar als wij hem dan confronteren met de duidelijke verklaringen in de Koran ten gunste van de Bijbel, weet hij niet hoe hij de bewering van de vervalsing door christenen moet staven. Laten we bijvoorbeeld kijken naar soera 10:64:

> "Gods woorden zijn niet te veranderen. Dat is de geweldige triomf" (soera 10:64).

Maar wat zegt de Koran dan ten gunste van de Bijbel?

* De Koran bevestigt de echtheid van de Bijbel: de Thora en het Evangelie zijn door God aan Mozes en aan Jezus gegeven. Deze heilige geschriften brengen leiding, genade, licht en vermaning aan de volken (soera 29:27; 28:43; 5:46; 5:66,68; 10:94; 11:17; 40:53-54; 48:29).

> "En Wij hebben hem Izaäk en Jacob geschonken en Wij hebben in zijn nageslacht het profeetschap en het boek tot stand gebracht. En Wij hebben hem zijn loon in het tegenwoordige leven gegeven en in het hiernamaals behoort hij tot de rechtschapenen" (soera 29:27).

(Opmerking: de tekst spreekt niet van andere nakomelingen van Abraham, dus de lijn van Ismaël wordt uitgesloten. Houdt dat niet duidelijk in dat de Koran Gods Woord niet is en niet kan zijn?)

*"En als zij zich **aan de Taura** (Thora) **en de Injil** (het Evangelie) en wat hun van hun Heer naar jou is neergezonden **zouden houden**, zouden zij kunnen eten van wat boven hen is en van wat onder hun voeten is. **Onder hen is er een gematigde gemeenschap**, maar voor velen van hen geldt: slecht is het wat zij doen"* (soera 5:66).
(Opmerking: Allah berispt dus wie dit woord niet in acht neemt, dat wil zeggen de Bijbel.)

*"(Oh Mohammed), maar als jij in twijfel verkeert over wat Wij naar jou hebben neergezonden, **vraag dan aan hen die het boek al van voor jouw tijd lezen**. Tot jou is de waarheid van jouw Heer gekomen, **wees dus niet een van hen die het in twijfel trekken"* (soera 10:94).
(Opmerking: Mohammed zou dus aan onze Schriften getwijfeld hebben.)

*"Zeg: mensen van het Boek! **Jullie baseren jullie op niets zolang jullie je niet houden aan de Taura en de Injil** en aan wat jullie van jullie Heer is nedergezonden. Velen nemen door wat van jouw Heer naar jou is nedergezonden nog toe in onbeschaamdheid en ongeloof. Bekommer je maar niet om de ongelovige mensen"* (soera 5:68).
(Opmerking: de christenen moeten zich dus houden aan de Bijbel, Gods Woord.)

* De moslims moeten dus gehoorzaam zijn aan de bijbelse openbaringen die aan Abraham, Mozes en Jezus gegeven zijn, want volgens de Koran zijn de bijbelse openbaringen fundamenteel.
* De Thora en het Evangelie bestonden al vòòr Mohammed (soera 10:94; 3:71,93; 29:46; 21:7).

"En Wij hebben voor jouw tijd slechts mannen uitgezonden aan wie Wij een openbaring gegeven hadden? Vraagt de mensen van de vermaning maar, als jullie het niet weten" (soera 21:7).
(Opmerking: Allah zegt dus dat de mensen van de Schrift betrouwbaar zijn.)

* God Zelf beschermt Zijn Woord tegen vervalsing (soera 6:34,115; 18:27).

"Gods woorden zijn niet te veranderen. Dat is de geweldige triomf" (soera 10:64).

Dit is een vraag die gesteld moet worden aan onze islamitische gesprekspartners:

"Is de Bijbel veranderd vòòr of nà de dood van Mohammed?"

1. Als ze zeggen **"vòòr"**, zeggen we dat dat niet mogelijk is, omdat Allah waakt om de bijbelse Schriften ongeschonden te bewaren, zoals de Koran zelf zegt:

"Gods woorden zijn niet te veranderen. Dat is de geweldige triomf" (soera 10:64).

"En lees voor wat ik jou van het boek van jouw Heer heb geopenbaard. Er is niemand die Zijn woorden kan veranderen en buiten Hem zul je geen schuilplaats vinden" (soera 18:27).

Dit houdt in dat volgens Allah de Schriften **betrouwbaar waren in de dagen van Mohammed,** want:

* Zou God Zijn best doen om iets onveranderd te laten dat vals is?
* Als de Bijbel al veranderd was in de tijd van Mohammed, zou Allah's inzet dan niet mislukt zijn, gezien het feit dat Hij op Zich had genomen Zijn Woord volkomen te beschermen?

2. Als ze zeggen **"ernà"**, dan vragen we hun wat dan het getuigenis is van de 14.000 manuscripten in het British Museum in Londen, in het Vaticaan en elders, die dateren van **vòòr** de geboorte van Mohammed en die volkomen gelijk zijn aan de tekst van de Bijbel van vandaag.

Laten we onze vrienden de volgende vragen stellen over de Bijbel:

* *In welk jaar* zou de Bijbel dan vervalst zijn?
* *Wie* heeft haar dan vervalst of veranderd?
* *Hebben jullie* soms een "originele" versie van de Bijbel om haar te kunnen vergelijken met de huidige om jullie theorie te staven? (Immers, om te bewijzen dat een bankbiljet vals is, moet je hem vergelijken met een onvervalst bankbiljet.)
* *Waar staat eigenlijk* in de Koran dat de Bijbel of het Evangelie vervalst is door de christenen?

Als de moslims verklaren dat de Bijbel veranderd is, bestaat er dan niet het gevaar dat ze impliciet beweren dat de Koran fout kan zijn als die verklaart dat de Bijbel echt is, zoals de aangehaalde soera's bevestigen? Het is duidelijk dat moslims zoiets uitsluiten.

Waarin moeten ze dan geloven? In wat de Koran zegt, of in het àl te zeer ingewortelde idee in de moslimwereld dat de Bijbel ongetwijfeld is vervalst?

* *Kan Allah dan aanleiding geven tot tegenstrijdigheden?*
De moslims hebben nooit nauwkeurige antwoorden op deze vragen!

Wat getuigt de Bijbel van zichzelf?

Jezus getuigt dat het oude testament echt Gods woord is.

Hier volgen enkele verklaringen van Jezus:

"Meent niet, dat Ik gekomen ben om de wet of de profeten te ontbinden. Ik ben niet gekomen om te ontbinden, maar om te vervullen. Want voorwaar, Ik zeg u: Eer de hemel en de aarde vergaan, zal er niet één jota of tittel vergaan van de wet, eer alles zal zijn geschied" (Mattheüs 5:17-18).

"Deze is het van wie geschreven staat: Zie, Ik zend Mijn bode voor Uw aangezicht uit, die Uw weg voor U heen bereiden zal" (Mattheüs 11:10).

"Gij verwaarloost het gebod Gods en houdt u aan de overlevering der mensen. En Hij zeide tot hen: Het gebod Gods stelt gij wel fraai buiten werking om úw overlevering in stand te houden" (Marcus 7:8-9).

"Als Hij hèn goden genoemd heeft, tot wie het woord Gods gekomen is, **en de Schrift niet kan gebroken worden...**" (Johannes 10:35).

Jezus vertrouwde het beheer van Gods Woord toe aan Zijn apostelen door de Heilige Geest:

"Gaat dan henen, maakt al de volken tot Mijn discipelen en doopt hen in de naam des Vaders en des Zoons en des Heiligen Geestes en leert hen onderhouden al wat ik u bevolen heb. En zie, Ik ben met u al de dagen, tot aan de voleinding der wereld" (Mattheüs 28:19-20).

"Wanneer de Trooster komt, die Ik u zenden zal van de Vader, de Geest der waarheid, die van de Vader uitgaat, zal deze van Mij getuigen; en gij moet ook getuigen, want gij zijt van het begin aan met Mij" (Johannes 15:26-27, zie ook 14:26 en 16:13).

"Want de woorden, die Gij Mij gegeven hebt, heb Ik hun gegeven en zij hebben ze aangenomen en in waarheid erkend, dat Ik van U ben uitgegaan..." (Johannes 17:8).

De apostelen getuigen dat de Schrift en Jezus' onderwijs echt van God zijn.

"Want ik maak u bekend, broeders, dat het Evangelie, hetwelk door mij verkondigd is, niet is naar de mens. Want ik heb het ook niet van een mens ontvangen of geleerd, maar door openbaring van Jezus Christus" (Galaten 11:12).

"Naar deze zaligheid hebben gezocht en gevorst de profeten, die van de voor u bestemde genade geprofeteerd hebben, terwijl zij naspeurden, op welke of hoedanige tijd de Geest van Christus in hen doelde, toen Hij vooraf getuigenis gaf van al het lijden, dat over Christus zou komen, en van al de heerlijkheid daarna. Hun werd geopenbaard, dat zij niet zichzelf, maar u dienden met die dingen, welke u thans verkondigd zijn bij monde van hen, die door de Heilige Geest, die van de hemel gezonden is, u het Evangelie hebben gebracht, in welke dingen zelfs engelen begeren een blik te slaan" (I Petrus 1:10-12).

"Dit moet gij vooral weten, dat geen profetie der Schrift een eigenmachtige uitlegging toelaat, want nooit is profetie voortgekomen uit de wil van een mens, maar door de Heilige Geest gedreven, hebben mensen van Godswege gesproken" (II Petrus 1:20-21).

"Elk van God ingegeven Schriftwoord is ook nuttig om te onderrichten, te weerleggen, te verbeteren en op te voeden in de gerechtigheid, opdat de mens Gods volkomen zij, tot alle goed werk volkomen toegerust" (II Timotheüs 3:16-17).

"En hierom danken ook wij God onophoudelijk, dat gij, toen gij het gepredikte woord Gods hebt ontvangen, het hebt aangenomen niet als een woord van mensen, maar, wat het inderdaad is, als een woord van God dat ook werkzaam is in u die gelooft" (I Thessalonicenzen 2:13).

Conclusie:
* De Koran getuigt ten gunste van de goddelijke openbaring van de Bijbel en bevestigt dat de Bijbel ten tijde van Mohammed ongeschonden was.
* De Bijbel Zelf getuigt van zijn goddelijke oorsprong en zijn ongereptheid.
* In tegenspraak met wat de moslims beweren, klaagt de Koran de christenen nooit aan het Evangelie te hebben vervalst. De aanklacht van de Koran is slechts gericht tot enkele **Joden** ten tijde van Mohammed.
* We hebben tot nu toe aangetoond dat de Koran nergens ook maar enigszins zegt dat het Oude en Nieuwe Testament vervalst zijn.
* De talrijke handschriften van de Bijbel, die ouder zijn dan het ontstaan van de islam, zijn volkomen gelijk aan de inhoud van de huidige Bijbel. Is dat bewijs niet meer dan voldoende?

Heeft de Koran het gezag van de Bijbel vervangen?

De moslims geloven dat de Koran het gezag van de Bijbel heeft vervangen. Laten we die mening in het kort belichten.

De moslims citeren gewoonlijk enige verzen uit de Koran om deze theorie te onderbouwen. Ze hebben niet gelezen – en daarom weten ze het niet – dat de Koran bevestigt dat Allah van Israël eist dat het Zijn verbond onderhoudt en dat Hijzelf het verbond zal onderhouden.

"O Israëlieten, denkt aan Mijn genade die Ik jullie geschonken heb en komt het verbond met Mij na, dan zal Ik het verbond met jullie nakomen; voor Mij moeten jullie dus beducht zijn" (soera 2:40).

Bovendien betekent hun ontrouw aan Gods Verbond niet dat er een Koran zou moeten komen. Dat staat nergens in het Oude Testament. De Schrift spreekt daarentegen van een nieuw verbond dat komen zou (Jeremia 31:31-34), het nieuwe verbond in het bloed van Jezus Christus (Lucas 22:20), en dat verbond is eeuwig. De Koran nodigt de christenen dan ook uit om zich strikt te houden aan het lezen en onderhouden van wat in het Evangelie wordt geopenbaard.

"En laten de mensen van de Injil (het Evangelie) oordeel vellen volgens wat God daarin heeft neergezonden. En wie niet oordeel vellen volgens wat God heeft neergezonden, dat zijn de verdorvenen" (soera 5:47).

Daarom is het niet waar dat de Koran de Bijbel heeft vervangen. Hier volgen nog vier bijbelgedeelten die het bovenstaande bevestigen:

"Mijn verbond zal Ik niet ontwijden, noch veranderen wat over mijn lippen gekomen is" (Psalm 89:35).

"De hemel en de aarde zullen voorbijgaan, maar mijn woorden zullen geenszins voorbijgaan" (Mattheüs 24:35).

"Als Hij hén goden genoemd heeft, tot wie het woord Gods gekomen is, en de Schrift niet kan gebroken worden" (Johannes 10:35).

"Ik betuig aan een ieder, die de woorden der profetie van dit boek hoort: Indien iemand hieraan toevoegt, God zal hem toevoegen de plagen, die in dit boek beschreven zijn; en indien iemand afneemt van de woorden van het boek dezer profetie, God zal zijn deel afnemen van het geboomte des levens en van de heilige stad, welke in dit boek beschreven zijn." (Openbaring 22:18-19).

2. "God heeft geen zoon van vlees en bloed (Jezus)"

Dit is duidelijk een verwijt aan de christenen. Helaas beschuldigen de moslims de christenen ervan te geloven dat Jezus een door seks verwekte zoon van God is. Over het algemeen zijn er twee hoofdproblemen:
a. het onbegrip over de betekenis van de uitdrukking "zoon van God";
b. dat er in het Evangelie geen vers zou zijn waarin Jezus Zichzelf letterlijk "Zoon van God" noemt.

a. De moslims beschuldigen de christenen ervan te geloven dat Jezus de vleselijke zoon *(ueled)* van God is, geboren uit geslachtsgemeenschap tussen Hem en Maria. Niet alleen zeggen wij dan meteen dat we zo'n dwaasheid verwerpen en verafschuwen, maar onthutst zullen we moeten verklaren dat het al godslasterlijk is zoiets absurds uit te spreken.

De basis van dit onbegrip is voor een Arabische moslim niet zozeer theologisch, maar taalkundig van aard. We weten dat er in het

Nederlands en ook in andere talen slechts één woord voor *"zoon"* is. In het Arabisch zijn er twee woorden voor *"zoon"*: *ueled* en *ibn*. Het eerste *(ueled)* heeft uitsluitend betrekking op een seksueel verwekte zoon, terwijl over het algemeen het tweede *(ibn)* **een sterke gelijkenis** met iets of iemand aanduidt.

> *"God is niet zo dat Hij zich een kind neemt"* (soera 19:35).
> In het Arabisch: *"Mekena lillàhi en iattasgidà min **ueled**"*.

> *"Hij heeft niet verwekt en is niet verwekt"* (soera 112:3).
> In het Arabisch: *"Lem iulidu ue lem **iuled**"*.

De Koran ontkent niet dat Jezus Gods Zoon is.

De Koran weigert alleen het idee dat Jezus een zoon zou zijn die verwekt is door geslachtsgemeenschap tussen God en Maria. De Koran sluit echter niet uit dat God een Zoon *(ibn)* zou kunnen hebben. We kunnen aantonen dat het Evangelie in het Arabisch de term *ibn* en niet *ueled* gebruikt als het over Jezus spreekt. Ook de Arabische christenen gebruiken altijd de term *ibn Allah* (Zoon van God). Ze gebruiken *ibn* omdat dat woord de intieme en weergaloze geestelijke relatie aanduidt die er is tussen de Vader en de Zoon die door de Heilige Geest is verwekt (Lucas 1:35; Mattheüs 1:18; Hebreeën 10:5).

Om deze moeilijkheid te omzeilen zeggen we hun:

Er is een verschil tussen de woorden *ueled* en *ibn*. Als onze gesprekspartner, bij voorbeeld een Marokkaan, het nog niet begrijpt, kunnen we hem vragen of hij een *ibn islam* of *ueled islam* is, een *ibn Marokko* of een *ueled Marokko*. Hij zal ons dan antwoorden dat hij een *ibn Marokko* is en beslist geen *ueled Marokko*, omdat hij niet seksueel door Marokko is verwekt.

Begrijpt hij het dan nòg niet, herinner hem er dan aan dat de woorden *ueled* en *ibn* duidelijk omschreven zijn in de Koran en het Arabische woordenboek:

In soera 2:177 wordt gesproken van een *reiziger*, of letterlijk *"zoon van de weg"* (**ibn** *as-sabiili* en **niet** *ueled as-sabiili*).

In het Arabisch woordenboek wordt het woord voor *"krijgsman"* aangegeven met de term *zoon van de oorlog* (**ibn** *el-harb* en **niet** *ueled el-harb*).

Als laatste bewijs kunnen we hem laten zien dat de apostelen Jacobus en Johannes de bijnaam *"zonen des donders"* hadden. Het is ook voor moslims duidelijk dat deze bijnaam symbolisch is en hun onstuimig temperament aangeeft (Marcus 3:17; Lucas 9:54-56).

Op dit punt aangeland zullen onze oprechte vrienden geen andere moeilijkheden meer hebben om de juiste betekenis van *Ibn Allah* (Zoon van God) te begrijpen.

b. Soms zullen ze ons vragen om één enkel bijbelvers te tonen waarin Jezus zegt dat Hij Gods Zoon is. Weliswaar zijn er niet veel bijbelverzen waarin Jezus expliciet zegt: "Ik ben de Zoon van God", maar de Schrift, Zijn onderwijs en Zijn wijze van leven, samen met de Heilige Geest, overtuigen ons dat Hij het is!

Jezus wordt bijvoorbeeld veroordeeld omdat Hij de titel **Zoon van God** aanvaardt als de bezegeling van de profetieën die in Hem vervuld worden.

"En zij zeiden allen: Zijt Gij dan de Zoon van God? Hij zeide tot hen: Gij zegt zelf, dat Ik het ben" (Lucas 22:70).

Jezus Zelf verklaart dus Gods Zoon te zijn.

"... zegt gij dan tot Hem, die de Vader geheiligd en in de wereld gezonden heeft: Gij lastert, omdat Ik heb gezegd: Ik ben Gods Zoon?" (Johannes 10:36).

Ook de boze geesten erkennen de werkelijke identiteit van Jezus als Zoon van God:

"... en zeide, roepende met luider stem: Wat hebt Gij met mij te maken, Jezus, Zoon van de allerhoogste God? Ik bezweer U bij God, dat Gij mij niet pijnigt" (Marcus 5:7).

Beweren de moslims, als mensen, zelfs meer onderscheidingsvermogen te hebben dan de boze geesten?

3. "De christenen aanbidden niet één God, maar drie."

De islam verwerpt het begrip "Drie-eenheid" zoals het in het Nieuwe Testament wordt geopenbaard. De moslims verstaan dit begrip verkeerd: zij denken dat de Drie-eenheid voor de christenen bestaat uit **God, Maria en Jezus** (soera 5:116).

Een probleem, dat indirect met de Drie-eenheid verband houdt, is dat Allah voor hun besef zò ongenaakbaar is dat hij zich niet verwaardigt deel te hebben aan Zijn schepping.

Als we tot een moslim zeggen dat God onze Vader is, krijgt hij het idee dat onze moeder en Allah een seksuele relatie met elkaar hebben gehad! Als we zeggen dat God voor ons een Vader is, moeten we uitleggen dat we het hebben over een **volmaakte Vader** die daarom *barmhartig, liefdevol en beschermend* is. Het probleem van onze moslimvrienden is het feit, dat hun denkbeeld van een vader een heerszuchtig en despotisch iemand is die absolute, blinde en onvoorwaardelijke gehoorzaamheid eist.

Pas er voor op om niet lichtvaardig de term *Drie-eenheid* te gebruiken, want de moslims zouden u kunnen vragen om aan te tonen waar dat woord in de Bijbel staat. En we weten best dat die term nergens in de Bijbel voorkomt. Laten we zien wat de Koran ervan zegt:

> "... en zegt niet: 'Drie'. Houdt daarmee op, het is beter voor jullie. Immers, God is één God" (soera 4:171 in het midden).

> "Ongelovig zijn zij, die zeggen dat God een derde van drie is" (soera 5:73).

> "En toen God zei: O Isa (Jezus), zoon van Marjam (Maria), heb jij tot de mensen gezegd: neemt mij en mijn moeder tot goden naast God?" (soera 5:116).

Ik zou willen onderstrepen dat het **niet** raadzaam is om bij het evangeliseren te beginnen een moslim de Drie-eenheid uit te leggen. Het is beter te beginnen met het uiteenzetten van Gods reddingsplan dat verwezenlijkt is in Jezus Christus.

De Arabieren aanbaden drie goden

In de tijd vòòr Mohammed waren de Arabieren polytheïstisch. Zij beweerden dat de engelen "dochters van Allah" waren. Voordat Mohammed zich uitgaf voor profeet, hadden de Arabieren volgens de bronnen van de Koran de gewoonte om zich in gebed te wenden tot stamgoden, namelijk tot de drie dochters van Allah: al-Lat, al-Uzza en Manat. Die aanbidders zeiden dat Allah de Schepper is en tegelijk ook vader van deze drie dochters (soera 53:19-20; 43:16).

> *"En zij kennen aan God dochters toe! Geprezen zij Hij! En zij zelf hebben wat zij begeren"* (soera 16:57).

Overdenking: Na het bovenstaande begrepen te hebben moeten wij christenen ons afvragen of onze moslimvrienden soms denken (en vandaar het grote misverstand) dat wij Jezus als een engel beschouwen en als zodanig als Zoon van God, net zoals de pre-islamitische polytheïsten dwaalden aangaande de drie dochters van Allah. Waarom zouden wij die vraag niet stellen aan onze vrienden?

Wij christenen zijn monotheïsten!

De Koran vermeldt een andere episode die ons doet twijfelen of de islam echt een monotheïstische godsdienst is. In verschillende soera's wordt verteld dat God satan eeuwig heeft gestraft, omdat hij weigerde te doen wat Allah hem gebood, namelijk Adam te aanbidden. De andere engelen zouden Allah wèl hebben gehoorzaamd en zich hebben gebogen om het schepsel Adam te aanbidden.

> *"God zeide: O Iblis (satan), wat verhindert jou je eerbiedig neer te buigen voor wat ik **eigenhandig** geschapen heb? Ben je hoogmoedig of behoor jij tot hen die de overhand hebben?"* (soera 38:75).

> *"Toen Wij tot de engelen zeiden: 'Buigt eerbiedig neer voor Adam', bogen zij zich eerbiedig neer, behalve Iblis; hij weigerde en was hoogmoedig, want hij was een van de ongelovigen"* (soera 2:34).

Wij zijn verbaasd zoiets te vernemen. Wat voor kwaads zou satan hebben gedaan met de weigering een schepsel te aanbidden? Wat betekent deze soera in het licht van het voorgaande? Dat de engelen de mensen zouden moeten aanbidden? Zijn ook wìj voor de engelen een voorwerp van aanbidding?

Wij allen, moslims incluis, weten dat Adam God ongehoorzaam werd en daarom nog minder dan ooit de aanbidding van engelen verdiende.

En zouden de moslims dan Adam moeten aanbidden om niet eeuwig gestraft te worden zoals met satan is gebeurd? Ook al weten we dat ze Adam niet aanbidden, toch blijft het feit dat de Koran, hun heilig boek, zoiets onbegrijpelijks vermeldt.

De Bijbel bevat zo'n boodschap niet. Integendeel, zij veroordeelt de aanbidding van schepselen vanaf Genesis tot aan de Openbaring.

Wat we kunnen antwoorden

"Zo zegt de HERE, de Koning en Verlosser van Israël, de HERE der heerscharen: Ik ben de eerste en Ik ben de laatste en buiten Mij is er geen God" (Jesaja 44:6).

"Hoor, Israël: de HERE is onze God; de HERE is één!" (Deuteronomium 6:4). (In het Hebreeuws: *Jahweh Eluhenu, Jahweh Echadi*. Vader, Zoon en Heilige Geest zijn één God.)

"Jezus antwoordde: Het eerste is: Hoor, Israël, de Here onze God, de Here is één" (Marcus 12:29).

Er bestaan verschillende beelden, maar die kunnen de Drie-eenheid niet afdoende verklaren. We zullen er drie noemen:
* De *zon* bestaat uit licht, warmte en energie. Eén van deze elementen kan los van de andere twee geen *zon* heten. De drie elementen apart zijn geen *"drie zonnen"*.
* Wij mensen bestaan uit *geest, ziel* en *lichaam* (I Thessalonicenzen 5:23).
* Denk aan Jan Jansen: die kan werknemer zijn, man van Catherina en vader van Hans. Hij kan ijverig werken in de fabriek, thuis zijn met zijn vrouw en een liefdevolle en zorgzame vader zijn voor zijn zoon. Toch is hij steeds dezelfde man: Jan Jansen.

Natuurlijk zijn dit slechts heel eenvoudige beelden, die niet letterlijk kunnen worden toegepast op de Drie-eenheid. Daarom kunnen ze niet het **geheimenis** verklaren van een Enig God in Drie Personen.

Jezus is God

Geloven dat Jezus God is, betekent voor moslims het begaan van een **doodzonde**, want in de Koran lezen ze dat degene, die van Jezus Messias zegt dat Hij God is, een zonde begaat die in alle eeuwigheid niet vergeven zal worden. Sommige moslims geloven dat bedrijvers van zware zonden *(kabir)* weliswaar naar de hel gaan, maar niet voor altijd (soera 11:106-107). Daarom zal ook de moslim, die gelooft dat hij vroeg of laat in het paradijs zal komen, er erg voor oppassen om Jezus als God te belijden, want dat is de enige onvergeeflijke zonde.

Het is niet nodig om meteen de moslim te willen overtuigen dat Jezus God is, zoals vaak wordt gedaan. Hij zal antwoorden dat wij in een ketterij geloven, omdat Jezus nooit letterlijk gezegd heeft dat Hij God is. Om te staven wat ze geloven stellen de moslims dat Jezus letterlijk heeft uitgesloten dat Hij God kan worden genoemd. Ze zullen u verzen uit het Evangelie tonen om dat te bewijzen, bij voorbeeld Mattheüs 4:10 waar Jezus tijdens de verzoeking tot de duivel zegt:

"De Here, uw God, zult gij aanbidden en Hem alleen dienen."

Of ook Lucas 18:19:

"Waarom noemt gij Mij goed? Niemand is goed dan God alleen."

Natuurlijk kunnen wij allemaal talrijke bijbelverzen aanhalen waarin de goddelijkheid van Jezus duidelijk wordt aangetoond. Maar zij zullen antwoorden dat het Jezus' apostelen zijn geweest die het dogma van Zijn goddelijkheid hebben geïntroduceerd, vooral Paulus. Dat is volkomen onjuist! Laten we bijvoorbeeld kijken naar één van de talrijke profetieën uit het Oude Testament over Jezus' komst. Geïnspireerd door de Heilige Geest zei Jesaja:

"Het volk dat in donkerheid wandelt, ziet een groot licht; over hen die wonen in een land van diepe duisternis, straalt een licht... Want een Kind is ons geboren, een Zoon is ons gegeven, en de heerschappij rust op zijn schouder en men noemt hem Wonderbare Raadsman, Sterke God, Eeuwige Vader, Vredevorst. Groot zal de heerschappij zijn en eindeloos de vrede op de troon van David en over zijn koninkrijk, doordat hij het sticht en grondvest met recht en gerechtigheid, van nu aan tot in eeuwigheid. De ijver van de HERE der heerscharen zal dit doen" (Jesaja 9:1, 5-6).

Uit deze bijbelse openbaring, geprofeteerd 700 jaar voor Christus, begrijpen we dat Jezus niet slechts zou komen als een eenvoudige profeet, zoals de moslims beweren, maar dat Hij de almachtige God was en is. Dat was geen veronderstelling van de christenen of van Paulus, maar de vervulling van de belofte dat God in de wereld zou komen in de persoon van de Messias, die dan ook *Immanuel* wordt genoemd, een Hebreeuwse naam die *"God met ons"* betekent.

Dit profeteerde Jesaja onder de inspiratie van de Heilige Geest toen hij zei dat Immanuel uit een maagd zou worden geboren:

"Daarom zal de Here Zelf u een teken geven: Zie, de jonkvrouw (of maagd) zal zwanger worden en een zoon baren; en zij zal hem de naam Immanuel geven" (Jesaja 7:14).

Waarom begrijpen onze vrienden dit dogma dan verkeerd? Vast en zeker omdat ze de vier Evangeliën niet hebben gelezen, anders zouden ze hebben ontdekt dat één van de hoofdredenen waarom de Joden Jezus wilden doden het feit was dat Hij

"... God Zijn eigen Vader noemde en Zich dus met God gelijkstelde" (Johannes 5:18).

Waren de Joden dan de eersten die de goddelijkheid van Jezus begrepen? Neen, niet echt, want alleen de Heilige Geest overtuigt de mensen waarlijk van deze kostbare waarheid over Jezus.

Trouwens, Jezus heeft ons niet naar de mensen gestuurd om hun als "eerste" waarheid te verkondigen dat Hij God is, maar veeleer om de vergeving van zonden te verkondigen door Hem alleen (Lucas 24:46-47). Als de moslims u vragen of u gelooft dat Jezus God is, zeg dan vrijmoedig dat Hij God is, maar zeg er dan bij dat u niet gelooft in Maria als godin.

Een manier van benaderen

Soms is het nodig contact te maken met uw gesprekspartner, door in het begin over Jezus te spreken vanuit het gezichtspunt van de Koran, om zo een brug naar het Evangelie te slaan.

De Koran zelf kent enkele kenmerken toe aan Jezus, die het aan geen enkele andere profeet en zelfs aan Mohammed niet toekent. De ontdekking van deze kenmerken kan uw vriend nieuwsgierig maken om méér over de persoon van Jezus te weten te komen. Jezus heeft in de Koran een vooraanstaande plaats, ook al is het niet dezelfde Jezus die in de Evangeliën wordt beschreven. In zekere zin komt de goddelijkheid van Jezus ook in de Koran naar voren, ook al zal dat door onze vriend niet toegegeven worden. Vraag hem daarom om antwoord te geven op de volgende vragen.

a. Het Woord van God
Zegt de Koran niet dat Jezus het Woord van God is, vlees geworden in de schoot van de maagd Maria (soera 4:171)? Als uw vriend oprecht is en "ja" zegt, laat hem dan dit bijbelvers lezen:

"In den beginne was het Woord en het Woord was bij God en het Woord was God" (Johannes 1:1).

b. Geest van God
Zegt de Koran niet dat Jezus de Geest van God is? Het boek zegt letterlijk dat Jezus de Geest van God de Schepper is. De Koran kent een vooraanstaande positie toe aan Jezus, boven alle andere profeten.

Zegt de Koran niet dat Jezus "Woord van God" en ook "Geest van God" is? Betekent dat niet dat Jezus het Woord en de gedachten van God de Schepper in Zich heeft?

> "Voorwaar, de Messias Isa, zoon van Marjam, is Gods gezant en Zijn Woord dat Hij richtte tot Marjam en een Geest bij Hem vandaan" (soera 4:171).

c. Zonder zonde en geboren uit een maagd

De Koran bevestigt dat Jezus zonder zonde is. Laten we dus aan onze moslimvriend vragen: *"Verklaart de Koran niet dat Jezus niet slechts het woord en de gedachten van God vertegenwoordigt, maar dat Hij ook het volmaakte morele peil van God verpersoonlijkt?"*

> "Maar hij zei: Ik ben de gezant van jouw Heer om jou **een reine jongen** te schenken" (soera 19:19).

d. Het teken van het uur van het oordeel

Hun heilig boek geeft toe dat Jezus als Rechter zal terugkomen aan het einde der wereld.

> "En hij (Jezus) is een kenteken voor het Uur. Twijfelt er dus niet aan en volgt mij; dat is een juiste weg" (soera 43:61).

Jezus heeft geopenbaard dat het oordeel is gegeven aan de Zoon van God:

> "Want ook de Vader oordeelt niemand, maar heeft het gehele oordeel aan de Zoon gegeven, opdat allen de Zoon eren gelijk zij de Vader eren. Wie de Zoon niet eert, eert ook de Vader niet, die Hem gezonden heeft" (Johannes 5:22-23).

> "Want de Zoon des mensen zal komen in de heerlijkheid Zijns Vaders, met Zijn engelen, en dan zal Hij ieder vergelden naar Zijn daden" (Mattheüs 16:27).

e. De profeet die de moslims moeten gehoorzamen

De Koran stelt vast dat de profeet Jezus ook voor de Arabieren absoluut gezag heeft.

> "Toen Isa met de duidelijke bewijzen kwam, zei hij: Ik ben met de wijsheid tot u gekomen en ik zal jullie enige van de dingen waarover jullie het oneens zijn duidelijk maken. En vreest God en **gehoorzaamt mij**" (soera 43:63).

Mohammed wordt geroepen om onder zijn landgenoten te verkondigen dat Jezus de grootste is van alle profeten. Volgens de Koran berispt de engel Gabriël Mohammed vanwege de twistzieke Arabieren die Jezus weigerden zoals Hij is (zoals vandaag ook nog gebeurt). De engel zei hem:

> "En toen de zoon van Marjam als voorbeeld werd aangehaald, begon jouw volk daarover meteen te schreeuwen. En zij zeiden: Zijn onze goden beter of hij? Maar zij haalden hem alleen maar als voorbeeld aan om te twisten. Jazeker, zij zijn twistzieke mensen" (soera 43:57-58).

Vraag hun dus:

* Waarom is het noodzakelijk te beseffen dat deze kenmerken alleen aan Jezus worden toegekend?
* Waarom heeft God een zo **bijzondere** profeet gestuurd die Woord en Geest van God is, zonder zonde, geboren uit een maagd en rechter van de wereld?
* Wie kan de wereld oordelen? Kan dat niet alléén God de Schepper zijn? Waarom zal Jezus dan de wereld oordelen?
* De Koran zegt dat wij allen Jezus moeten gehoorzamen. Maar waarin moeten wij Hem dan gehoorzamen? Het Evangelie vermeldt duidelijk Zijn geboden. Wilt u vanaf vandaag dan niet beginnen het Evangelie te lezen?

CHRISTENVRIENDEN, ik vraag u vriendelijk tijdens het gesprek met uw moslimvriend deze vragen *niet zèlf* te beantwoorden alsof u hem wilt inprenten wat hij zou moeten geloven... Want dan noodzaakt u hem om zich te verdedigen of zich af te sluiten. Laat hemzèlf deze vragen beantwoorden en sta hem in liefde toe om na te denken en u vragen te stellen over uw eigen geloof in Jezus.

4. "God kan onmogelijk mens worden"

Alle godsdiensten hebben de neiging om de Schepper groot te maken en kennen Hem de opperste almacht toe over alle mensen en dingen. Daarom begrijpt men niet dat God, als ongenaakbaar Wezen, zich aan de mensheid heeft leren kennen in de mens Jezus. De wereldgodsdiensten **stoten zich aan deze openbaring.** Ook de islam aanvaardt en/of begrijpt de openbaring van God niet in de persoon van Jezus. Daarom kan ze ook niet de gedachte aanvaarden dat God voor de zondaren gestorven is.

Het christelijk geloof heeft als middelpunt een Enig God, die ervoor koos Zich te openbaren door mens te worden in de persoon van Jezus, de Messias. Deze is waarachtig God, die echt mens werd door Zijn unieke en wonderlijke verwekking en doordat Hij werd geboren uit het menselijk lichaam van een vrouw. Hij was dus onderworpen aan dezelfde menselijke beperkingen als wij. Tegelijkertijd kon Hij wonderen verrichten en direct Gods Woord aan de mensen verkondigen zonder de gebruikelijke tussenkomst van engelen of profeten.
Het is niet toevallig dat alle profeten hun boodschap begonnen met de woorden: "God heeft mij gezegd dat...", maar in de persoon van Jezus sprak God aldus: *"Ik zeg u..."*

Mogelijke antwoorden

In de Bijbel vinden we talrijke passages die bevestigen dat de Schepper is verschenen in de persoon van Jezus. De moslims kunnen u tegenspreken door te zeggen dat deze nieuwtestamentische beweringen vooral door de apostel Paulus zijn uitgevonden. Ze zullen zeggen dat Paulus dat allemaal heeft verzonnen en dat hij er bovendien in is geslaagd de christenen meer in hem dan in God te laten geloven. Als wij hun dan Paulus' brieven laten lezen (bijvoorbeeld Romeinen 1:3-4; 9:5: Filippenzen 2:5-7), zullen ze niet altijd overtuigd raken. Het is hoe dan ook nuttig om goed voorbereid te zijn. We raden u aan om het onderwerp persoonlijk te bestuderen.

Is God gekruisigd in de persoon van Jezus?

Terwijl we zo mogelijk proberen de polemiek te vermijden, vestigen we de aandacht op de gedeelten van het Oude Testament die reeds zijn vervuld en waarvan Jezus Zelf getuigde in het Evangelie. Laten we niet vergeten te zeggen dat Zijn vleeswording en Zijn eeuwig bestaan geheimenissen zijn. Door middel van de profeten kondigde God deze geheimenissen al ongeveer 750 jaar vòòr Jezus' komst aan. Hier volgen enkele bijbelverzen:

> *"Daarom zal de Here Zelf u een teken geven: Zie, de jonkvrouw (maagd) zal zwanger worden en een **zoon** baren; en zij zal hem de naam Immanuel geven"* (Jesaja 7:14). *Immanuel = God met ons.*

"Want een Kind is ons geboren, een **Zoon** is ons gegeven, en de heerschappij rust op zijn schouder en men noemt hem: Wonderbare Raadsman, Sterke God, Eeuwige Vader, Vredevorst... De ijver van de HERE der heerscharen zal dit doen" (Jesaja 9:5-6).

"... zij zullen Hem (veel andere vertalingen zeggen "**Mij**") aanschouwen, die zij **doorstoken** hebben, en over hem een rouwklacht aanheffen als de rouwklacht over een **enig kind**, ja, zij zullen over hem bitter leed dragen als het leed om een eerstgeborene" (Zacharia 12:10).

Het is duidelijk dat God over Zichzelf sprak betreffende iets dat in die tijd nog moest gebeuren in de toekomst. Om deze profetie te vervullen moest de Schepper noodzakelijkerwijs vlees worden, want alleen zò kon Hij worden gekruisigd.

Dan rijst de vraag:

In wie is Hij dan vlees geworden om mens te worden? In het Nieuwe Testament ontdekken we wie het is: het is Jezus, de Messias, het **Woord** en de **Geest** van God.

Over Zichzelf sprekend zei Jezus: "... en zij zullen Hem ter dood veroordelen. En zij zullen Hem overleveren aan de heidenen om Hem te bespotten en te geselen en te **kruisigen**..." (Mattheüs 20:18-19).

Het is iedereen duidelijk dat de kruisiging precies de **doorsteking** aangeeft, want bij de kruisiging wordt de veroordeelde met lange spijkers aan het kruis genageld. De woorden van Jezus in dit vers bevestigen meer dan voldoende de vleeswording en kruisiging van God in de persoon van Jezus (Zacharia 12:10).

Wat zegt de Koran?

In soera 2:20, 106, 148 en 259 bevestigt de Koran dat Allah alles kan en macht heeft over alle dingen. Onze moslimvrienden daarentegen zeggen dat God geen mens kon worden in de persoon van Jezus de Messias; zij leggen dus beperkingen op aan Allah.

Maar de God van de Bijbel kent geen beperkingen! De moslims weten en geloven bijvoorbeeld dat God volgens de Koran tot Mozes sprak vanuit een groene boom die in brand stond zonder te verteren *(zie soera 28:29-30)*. Als God machtig is om op aarde neer te dalen en te spreken vanuit een **brandende groene struik**, zou Hij dan geen mens kunnen worden?

We hebben al gezien dat de Koran bevestigt dat Jezus het Woord en de Geest van God is. Laten we nu aan onze moslimvrienden tonen wat het Evangelie erover zegt in Johannes 1:1:

> "In den beginne was het Woord en het Woord was bij God en het Woord was God."

Als we verder lezen in het Evangelie van Johannes vinden we in 1:14 nog een bevestiging:

> "**Het Woord is vlees geworden** en het heeft onder ons gewoond en wij hebben Zijn heerlijkheid aanschouwd, een heerlijkheid als van de eniggeborene des Vaders...".

Als na uw uiteenzetting uw moslimvriend tevreden is, voeg dan toe dat hij niet meer moet blijven zeggen dat Paulus alles verzonnen heeft, want dan zou hij zwaar zondigen.

5. "Jezus is niet gekruisigd"

a. Wat de moslims denken

Laten we ons herinneren dat het kruis een aanstoot is voor hen die verloren gaan... De moslims stoten zich er inderdaad aan. Maar dat betekent niet dat wij niet moeten proberen hen te helpen. Alleen de Heilige Geest kan hen de waarheid van Jezus' kruisiging doen begrijpen. Als u spreekt over dit belangrijke en fundamentele onderwerp, vergeet dan niet dat onze vrienden het volgende denken:

* De mens is niet als zondaar geboren.
* God vraagt geen offer om de zonden te vergeven.
* Het denkbeeld van het offer is onrechtvaardig en wreed.
* Het is Gods gewoonte om gemakkelijk te vergeven en dus de zonden te dulden.

Wees bereid om gevoelig te zijn

Het is voor onze vrienden niet genoeg om **in het begin** al te zeggen dat Jezus in onze plaats is gestorven om met Zijn eigen dood aan het kruis de straf voor onze zonden te dragen, en dat Hij de redding alleen aanbiedt aan hen die zich in geloof Zijn plaatsvervangend offer toe-eigenen.

Het aanhalen van Gods Woord in Romeinen 5:18-19 kan soms het onbegrip nog doen toenemen, omdat deze verzen spreken van de waarheid die zegt dat alle mensen van Adam en Eva een zondige natuur hebben geërfd; sindsdien zijn ze automatisch geneigd om te zondigen. De moslims begrijpen de betekenis van deze waarheid dikwijls verkeerd. Zij geloven dat de mens pas begint te zondigen vanaf zijn zesde of zevende jaar omdat, volgens hen, het kind op die leeftijd ondeugend en stout begint te zijn.

Het kan geen kwaad te onderstrepen dat zij, die Gods boodschap weigeren, zullen worden geoordeeld, en dus ook *ver*oordeeld, om hun eigen zonden en niet om die van Adam. Adam heeft wèl aan alle mensen de ziektekiem van de zonde overgedragen. Ieder mens is gedoemd om heel gauw te gaan lijden aan deze ziekte die geestelijk dodelijk is. Jezus Christus kan ons van deze ziekte genezen.

We zullen beelden en gelijkenissen moeten gebruiken, zoals de Heilige Geest ons ingeeft in de verschillende situaties van ons getuigenis.

Ga stap voor stap

Volgens de moslims is ieder verantwoordelijk voor zijn eigen zonde en niemand anders dan hijzelf kan er voor boeten. Het idee dat God een losprijs eist is voor hen ondenkbaar. Toch spreekt de Koran van Abrahams offer en haalt aan dat God Zelf voorzag in een losprijs, zodat Abraham zijn zoon niet hoefde te slachten:

> "En Wij gaven voor hem (Abrahams zoon) een geweldig offer in de plaats" (soera 37:107).

Ter herdenking vieren de moslims heden nog jaarlijks het feest van het offer: *Aid al adha.*

Met de lossing van Abrahams zoon heeft God een voorafschaduwing gegeven van wat Hij Zelf later zou doen om de losprijs voor de zonden van de mensheid te betalen en haar te redden van de dood. Het offer waarin God heeft voorzien is niet slechts 500 bokken, maar veel groter: Hij offerde op het kruis **het Woord van God in de persoon van Jezus Christus.**

Het kan een hulp zijn te laten zien wat Jezus zei:

"Want ook de Zoon des mensen is niet gekomen om Zich te laten dienen, maar om te dienen en Zijn leven te geven als *losprijs* voor velen" (Marcus 10:45).

Pas daarna kunt u, als het u toegestaan wordt, de verzen laten zien waarin Jezus het zoenoffer van Zichzelf voorzegt en de verzen die Zijn dood beschrijven (Mattheüs 27:45-54; Marcus 15:33-39; Lucas 23:44-49).

Wat zegt de Koran?

"Maar telkens als er een gezant tot jullie komt met iets wat jullie niet zint, zijn jullie dan niet hoogmoedig? Dan betichten jullie sommigen van leugens en anderen doden jullie" (soera 2:87, tweede helft).

Sommige moslims vinden dat het vermoorden van een profeet een mislukking betekent. Daarom geloven ze niet dat de Messias gedood is aan het kruis. Nadat ze deze soera hebben gelezen zijn ze dan ook verbaasd en verward, omdat het voor hen ondenkbaar is dat profeten onterecht zijn vermoord.

Zoals niemand vòòr Hem, is de Messias gekomen om al de godsdienstige huichelaars van Zijn tijd volkomen te ontmaskeren. Het is nuttig om met de moslims de gelijkenis van de onrechtvaardige pachters te lezen in Mattheüs 21:33-46. In dit bijbelgedeelte voorzegt Jezus dat Hij juist door de godsdienstige Joden zou worden vermoord.

Heeft God Jezus ten hemel genomen voordat Hij stierf?

De Koran ontkent **niet** dat de Joden op het punt stonden om Jezus door kruisiging te doden. Het probleem begint wanneer de Koran beweert dat de Joden Hem niet hebben gedood of gekruisigd. De moslims benadrukken dat de Koran stelt dat Allah Jezus heeft vervangen door de persoon van Judas aan het kruis. Dat laatste wordt niet door de Koran bevestigd.

"En om hun zeggen: 'Wij hebben de Messias Isa, zoon van Marjam, Gods gezant, gedood'. **Zij** (de Joden) **hebben hem niet gedood en zij hebben hem niet gekruisigd,** maar het werd hun gesuggereerd *(sciubbiha lehum)* ... Zij hebben hem vast en zeker niet gedood. Echter, God heeft hem tot Zich omhoog gebracht. God is machtig en wijs" (soera 4:157-158).

De Koran vergeet dat het **niet de Joden** maar de Romeinen waren die Jezus ter dood brachten. Onder de overheersing van het Romeinse Rijk hadden de Joden geen toestemming om ook maar iemand te kruisigen. Het waren dus de Romeinen die de moord op Jezus volbrachten, hoewel de Joden direct verantwoordelijk waren voor Zijn dood.

Overigens hadden de Joden Jezus kunnen doden door steniging. Waarschijnlijk echter dachten de Joden dat de steniging van Jezus Hem tot een martelaar zou maken, en dat was iets dat ze tot elke prijs wilden vermijden. Zodoende presten ze de Romeinen om Jezus door kruisiging te doden. Op die wijze zou Jezus een vloekdood sterven, want in Mozes' wet staat: *"Vervloekt is een ieder die aan het hout hangt"* (Deuteronomium 21:23; Galaten 3:13).

Op het ogenblik leeft Jezus in de hemel, maar Hij zal terugkomen

Volgens een islamitische overlevering zal Jezus op aarde terugkeren, zal Hij trouwen, kinderen krijgen, sterven en begraven worden in een graf dat al voor Hem is klaargemaakt naast het graf van Mohammed in Medina (Saoedi-Arabië). Deze overleveringen worden echter in het geheel niet door de Koran bevestigd.

De Koran spreekt de moslims tegen

In tegenspraak met deze overleveringen lezen we in de Koran de woorden die aan Jezus worden toegeschreven en die spreken van een dood die moet plaats vinden.

> *"En vrede zij met mij op de dag dat ik geboren werd, op de dag dat ik sterf en op de dag dat ik weer tot leven wordt opgewekt. Dat is Isa, de zoon van Marjam, het woord van de waarheid waaraan zij twijfelen"* (soera 19:33-34).

Ook Allah zou in de Koran toegeven dat Jezus gestorven is en dat hij Hem vervolgens tot zich genomen heeft:

> *"Toen God zei: O Isa, Ik laat jou sterven en Ik zal jou tot Mij opheffen en jou reinigen van hen die ongelovig zijn en Ik zal tot de opstandingsdag hen die jou volgen stellen boven hen die ongelovig zijn. Dan zal jullie terugkeer tot Mij zijn en zal Ik tussen jullie oordelen over dat waarover jullie het oneens waren"* (soera 3:55).

Een andere vertaling zegt: "... O Jezus, Ik stel u een einde...", maar de Arabische woorden *inni mutauafiic* betekenen letterlijk "Ik zal u doen sterven".

De islamitische vertalers hebben een ernstig probleem met deze tekst in het Arabisch, want elke Arabische Koran **geeft toe** dat Jezus stierf.

Vragen die gesteld dienen te worden

Voor een moslim hebben alle woorden van de Koran een grote waarde. *Geen enkel vers* kan daarom in twijfel worden getrokken, ook niet het vers dat we zojuist hebben bestudeerd. Soms heeft deze soera, die eerst door velen werd genegeerd, hen geholpen om met kalmte erover na te denken. Ze roept minstens vier belangrijke vragen op bij onze moslimvrienden:

* Als Jezus niet aan het kruis stierf, zijn soera 19:15, 19:33-34 en 3:55 dan vals?
* Wat voor verklaring geven jullie dan aan deze verzen van de Koran? Let op Allah's belofte aan hen die Jezus volgen. De toegewijde christenen willen niets anders dat de Here Jezus volgen voor de rest van hun leven.
* Bevat soera 3:55 dan niet veeleer een aansporing voor onze moslimvrienden?
* Lieve moslimvrienden, zouden jullie dan geen nadere inlichtingen uit het Evangelie willen hebben betreffende Jezus' dood en opstanding?

b. Het bijbelse antwoord

Het is een hulp om aan de moslims uit te leggen dat niet alleen de profeten Jezus' zending hebben voorzegd, maar dat (volgens de vier Evangeliën) ook Jezus Zelf Zijn dood en opstanding heeft voorspeld. Hier volgen enkele profetieën van het Oude Testament die de kruisiging beschrijven: Psalm 22:1-19; 69:21; Jesaja 53:12; Zacharia 12:10; 11:12-13.

> "... zij zullen hem aanschouwen, die zij doorstoken hebben, en over hem een rouwklacht aanheffen als de rouwklacht over een enig kind; ja, zij zullen over hem bitter leed dragen als het leed om een eerstgeborene" (Zacharia 12:10).

De belangrijkste teksten over de kruisiging, de dood en de opstanding van Jezus

	Mattheüs	Marcus	Lucas
* Jezus voorzegt Zijn dood	16:13-28	8:27-38	9:18-27
* te Jeruzalem	20:17-19	10:32-34	18:31,34
* Jezus sterft	27:45-56	15:33-41	23:44-49
* Jezus verschijnt aan Zijn volgelingen	28:11-20	16:9-14	24:13-53
* Verschijnt in Galilea	28:7,10,16	16:7	

Andere verwijzingen in het Nieuwe Testament:

Mattheüs 27:32-54; Marcus 15:22-39; Lucas 23:33-47; Johannes 10:17-18; 19:17-30; Handelingen 2:22-24; 7:52; 10:39-40; 13:28-33; Romeinen 5:6-8; I Corinthiërs 15:3-6; Filippenzen 2:5-8; Hebreeën 7:27; 10:10; 12:2; I Petrus 2:24; Openbaring 1:5-7; 5:9.

Voordat Hij stierf wist Jezus dat...

* ... Hij zou worden verraden (Marcus 14:18);
* ... door één van Zijn twaalf discipelen (Marcus 14:20);
* ... Zijn bloed zou worden vergoten voor velen (Marcus 14:24);
* ... Hij door Petrus zou worden verloochend en op welke manier (Marcus 14:30).

Jezus was niet bang om voor ons te sterven... Hij was er juist voor gekomen.

Jezus, die over Zichzelf als "Zoon des mensen" sprak, voorspelde Zijn dood voor ons zondaren:

> "Want ook de Zoon des mensen is niet gekomen om Zich te laten dienen, maar om te dienen en Zijn leven te geven als losprijs voor velen" (Marcus 10:45).

Het Evangelie toont bovendien aan dat Hij pas na Zijn dood en opstanding ten hemel zou varen:

Zijn opstanding:

In de veertig dagen na Zijn opstanding vertoonde Jezus Zich levend aan Zijn apostelen (Handelingen 2:32; II Petrus 1:16) en aan minstens 500 *ooggetuigen* (I Corinthiërs 15:6).

Zijn hemelvaart:

Johannes 3:13; 6:5-30; 16:7-15; 16:28; Handelingen 1:1-11; 2:32-33.

Het verhaal van een geschiedschrijver

Verschillende geschiedschrijvers uit de tijd van Jezus hebben over Hem geschreven, waarvan ook enkelen Hem vijandig gezind waren. Wij denken bijvoorbeeld aan Plinius, Cornelius, Tacitus en Thallus. In het bijzonder is er Josephus, een Joodse generaal, die deze historische gebeurtenis uit de Joodse geschiedenis aan de Romeinen rapporteert: *"Niet lang geleden trok Jezus rond, een wijs mens, als het geoorloofd is hem slechts 'mens' te noemen, want hij deed wonderwerken en onderwees aan hen die de waarheid met welgevallen erkenden. Hij had velen in zijn gevolg, zowel Joden als heidenen. Hij was de Messias. En toen Pilatus, op aanstichting van onze gezaghebbende vertegenwoordigers van de Joodse gemeenschap, hem tot het kruis veroordeelde, hebben zij die hem eerst liefhadden, hem niet verlaten, want op de derde dag verscheen hij opnieuw levend aan zijn discipelen, juist zoals de profeten het hadden voorzegd, samen met tienduizend andere wonderbare dingen over hem. En tot op heden is de groep van christenen, zoals ze naar hem genoemd worden, niet uitgestorven"* (Joodse Oudheden, deel 8, 111:3).

Conclusie

De foute overtuiging van de moslims is gebaseerd op het getuigenis van één enkele man, van Mohammed, die 600 jaar na Jezus leefde. We moeten daarbij opmerken dat deze man uit Mekka geen toegang had tot de talrijke Bijbelse documenten die Jezus' kruisiging en opstanding aantonen, omdat destijds de Bijbel nog niet in het Arabisch bestond. Mohammed had alleen de beschikking over mondelinge overleveringen over Jezus, afkomstig van Joden, van enkele christenen (in de Koran "nazareners" genoemd) die in Arabië woonden, en zeer waarschijnlijk ook van één van zijn talrijke vrouwen, een naamchristin die Miriam heette. Omdat hij dus geen **ooggetuige** was, kon hij alleen maar afgaan op zijn eigen meningen over Jezus, en niet op de onweerlegbare geschiedkundige en bijbelse bewijzen.

6. "Jezus is slechts tot Israël gezonden, Mohammed tot de hele wereld"

Hier is een ander idee dat dikwijls wordt gebruikt om Jezus, de Zoon van God, te onttronen. Om hun bewering te staven citeren de moslims gewoonlijk deze verzen van de Evangeliën: Mattheüs 1:21; 10:5-6; Marcus 7:26-27.

"Hij echter antwoordde en zeide: Ik ben slechts gezonden tot de verloren schapen van het huis Israëls" (Mattheüs 15:24).

Wat kunnen we daarop antwoorden?

Ondanks de afkeuring en dreiging van de godsdienstige leiders werd Jezus gevolgd door talrijke discipelen uit binnen- en buitenland. Zodoende heeft Hij *ook de heidenen* het Evangelie verkondigd. *(Met moslims is het beter niet de term "volken" te gebruiken.)* Vervolgens beval Hij Zijn discipelen het Evangelie van de redding te verkondigen **in heel de wereld** (Mattheüs 28:18-19; Marcus 16:15-18; Johannes 14:6; Handelingen 4:12).

Het is waar dat Jezus voor Israël kwam, maar alleen aanvankelijk. Hij bereidde Zijn discipelen voor om de hele wereld in te gaan om zo de boodschap van Zijn redding voor iedereen te doen zijn.

Laten we met de moslims de Evangeliegedeelten opzoeken waarin Jezus Zelf het Evangelie verkondigde aan de **heidenen**: Mattheüs 15:21-28; 21:33-46; Marcus 5:18-20; 7:24; Lucas 4:24-27; 7:1-10.

Wat zegt de Koran hierover?
Opnieuw spreekt dit boek de moslims tegen.

Inderdaad zegt de Koran dat Jezus alleen voor Israël kwam. In andere verzen zegt hij echter dat *"hij kwam als een teken van genade voor de hele wereld"* (soera 3:49; 21:91; 19:21).

Om consequent te zijn zouden de moslims in de Koran de universele zending van Jezus moeten lezen. Verder is het duidelijk dat de moslims, en niet de Koran, aan Mohammed een taak toekennen die hij niet had, namelijk een roeping voor heel de wereld. Mohammed werd integendeel **slechts tot de Arabieren** gezonden (soera 42:7; 43:3).

Maar Jezus is voor alle volken gekomen!

> "En (denk) aan haar die haar eerbaarheid bewaarde. Toen bliezen wij haar iets van Onze Geest in en wij maakten haar en haar zoon tot een teken voor de **wereldbewoners**" (soera 21:91).

> "Hij zei: Zo is het. Jouw Heer heeft gezegd: Het is voor Mij gemakkelijk. En het is opdat Wij hem tot een teken voor de **mensen** (anderen vertalen: **voor de volken**) maken en uit barmhartigheid van Ons. En het is een beslissing die gevallen is" (soera 19:21).

Het Nieuwe Testament, dat 600 jaar vòòr de Koran is geschreven, vertelt over de universele zending van Jezus. We halen slechts enkele verzen aan, maar we nodigen de lezer uit om dit onderwerp nader te bestuderen. Weinig dagen na Zijn geboorte werd Jezus voorgesteld in de tempel te Jeruzalem om de wet van Mozes te vervullen. Toen de profeet Simeon de Zoon van God zag, zei hij door ingeving van de Heilige Geest:

> "Nu laat Gij, Here, Uw dienstknecht gaan in vrede, naar Uw woord, want mijn ogen hebben Uw heil gezien, dat Gij bereid hebt voor het aangezicht **van alle volken: licht tot openbaring voor de heidenen** en heerlijkheid voor Uw volk Israël" (Lucas 2:29-32).

Ongeveer dertig jaar later vervulde Jezus Zijn verlossingswerk door Gods reddingsplan voor de mensheid ten einde te brengen. Enkele dagen na Zijn hemelvaart verkondigden Zijn discipelen op de Pinksterdag het Evangelie aan de Joden en anderen uit Egypte, Libië, Arabië en elders die aanwezig waren bij de toespraak van Petrus (Handelingen 2:8-11).

Mohammed kwam slechts voor de inwoners van Saoedi-Arabië

> "Wij hebben het tot een Arabische Koran gemaakt; misschien zullen jullie verstandig worden" (soera 43:3-4).

> "En zo hebben Wij aan jou een Arabische Koran geopenbaard, opdat jij er de hoofdstad (Mekka) en wie er omheen wonen mee waarschuwt…" (soera 42:7).

Dus vragen wij ons af:

Heeft de uitdrukking *"en wie er omheen wonen"* niet betrekking op een beperkt gebied, in plaats van op de **hele** wereld? Waarom willen de moslims dan de hele wereld tot de islam bekeren?

Mohammed gaf toe zonder kracht te zijn

Een andere betekenisvolle belijdenis van Mohammed is dat hij zegt *zonder kracht* te zijn.

Het lijkt er opnieuw op dat de moslims meer aan Mohammed toeschrijven dan hijzelf en de Koran doen.

*"Zeg: Ik heb **geen macht** om mijzelf tot schade of tot nut te zijn, afgezien van wat God wil. Voor iedere gemeenschap is er een termijn; wanneer hun termijn komt dan zullen zij geen uur te laat ontboden worden noch te vroeg"* (soera 10:49).

Jezus zegt daarentegen dat Hij **alle macht** heeft:

"En Jezus trad naderbij en sprak tot hen, zeggende: Mij is gegeven alle macht in hemel en op aarde" (Mattheüs 28:18).

7. "Jezus is een profeet als alle andere"

Werkwijze: De Koranverzen die hierna worden aangehaald moeten alleen worden gebruikt om **contact te leggen** met onze moslimvrienden, om hun vervolgens door middel van de Bijbel uit te leggen wie Jezus werkelijk is. De Koran beschrijft acht buitengewone eigenschappen van Jezus:

1. Het (vleesgeworden) Woord van God

*"Mensen van het Boek! Gaat niet te ver in jullie godsdienst en zegt over God alleen maar de waarheid. De Messias Isa, de zoon van Marjam is Gods gezant en **Zijn Woord** dat Hij richtte tot Marjam en een **Geest bij Hem vandaan**. Gelooft dan in God en Zijn gezanten..."* (soera 4:171).

2. De (vleesgeworden) Geest van God

*"... een **Geest bij Hem vandaan**..."* (soera 4:171, tweede deel).

3. **De Messias** (zie de taalkundige afleiding van dit woord op de volgende bladzij).

   "Toen de engelen zeiden: O Marjam, God kondigt jou **een woord van Hem** aan, wiens naam zal zijn **de Messias,** Isa, de zoon van Marjam. Hij zal in het tegenwoordige leven en in het hiernamaals in hoog aanzien staan en behoren tot hen die in de nabijheid (van God) zijn" (soera 3:45).

4. **Uit een maagd geboren**

   "Zij zei: Mijn Heer, hoe zou ik een kind krijgen, **terwijl geen mens mij aangeraakt heeft?** Hij zei: Zo is het. God schept wat Hij wil. Wanneer Hij iets beslist, dan zegt Hij er slechts tegen: Wees! en het is" (soera 3:47).

5. **De barmhartigheid van God voor alle mensen**

   "Hij zei: Zo is het. Jouw Heer heeft gezegd: Het is voor Mij gemakkelijk. En het is opdat Wij hem (Jezus) tot een **teken voor de mensen** maken en uit **barmhartigheid** van Ons. En het is een beslissing die gevallen is" (soera 19:21).

6. **Een teken voor alle volkeren**

   "... en aan haar, die haar eerbaarheid bewaarde. Toen bliezen Wij haar iets van Onze Geest in en Wij maakten haar en haar zoon tot een **teken voor de wereldbewoners**" (soera 21:91).

7. **De gids die gehoorzaamd moet worden**

   "Toen Isa met duidelijke bewijzen kwam, zei hij: Ik ben met de wijsheid tot jullie gekomen en ik zal jullie enige van de dingen waarover jullie het oneens zijn duidelijk maken. En vreest God en **gehoorzaamt mij**" (soera 43:63).

8. **Een volmaakt mens, zuiver en zonder zonde**

   "Maar hij zei: Maar ik ben de gezant van jouw Heer om jou **een reine jongen** te schenken" (soera 19:19).
   Let erop dat de engel Gabriël in deze soera aan Maria de geboorte zonder zonde van Jezus aankondigt.

Taalkundige afleiding van de term *Messias* in het Arabisch

Het lijkt me juist een kleine opmerking toe te voegen over de Arabische grammatica, zodat u uw getuigenis kunt verbeteren.

Het Arabische werkwoord **MeSeHe** betekent *wassen, ontvlekken, schoonmaken*.

Van dit werkwoord is het woord **MeSiiH** afgeleid dat Messias betekent.

In het Arabisch betekent de term Messias: *"Hij die ontvlekt, wast of reinigt."*

In het Arabisch geeft de dubbele **ii** (lang uitgesproken) na de tweede medeklinker in het werkwoord *diegene aan die de handeling van het werkwoord verricht*.

Bijvoorbeeld: **KeLeMe** betekent "spreken" en **KaLiiM** "spreker" of "hij die spreekt".

Mozes wordt zowel in de Koran als in het woordenboek in het Arabisch *Kaliim-Allah* genoemd, ofwel degene die van mond tot mond met Allah sprak.

Als ik dan aan moslims vraag *waarvan* de Messias ons reinigt, antwoorden zij bijna altijd dat hij is gekomen om ons van onze zonden te "reinigen".

Ik heb deze uitleg van het woord *Mesiih* aan moslimstudenten voorgelegd en zij hebben die aangenomen. Zij betonen zich dan verrast en verwonderd over de Persoon van Jezus. Dat spreekt vanzelf, want ze hadden er geen aandacht aan geschonken omdat het woord deel uitmaakt van hun dagelijks spraakgebruik.

Gods Gezalfde

Als we in het gesprek over de wonderbare Persoon van Jezus Hem Gods Gezalfde noemen, geven we de moslims aanleiding om die titel letterlijk op te vatten en zodoende verkeerd te begrijpen. Terwijl wij christenen vanzelf de juiste betekenis toekennen aan de titel "Gods Gezalfde", vatten onze moslimvrienden die verkeerd op omdat ze geen bijbels onderricht hebben gehad. Ze denken dan dat we bedoelen dat Jezus met vet is besmeurd en dat we zitten te raaskallen. Als we het dus over "Gods Gezalfde" hebben, moeten we niet vergeten de betekenis van die term uit te leggen.

Wat ze ons waarschijnlijk zullen zeggen

Het getuigenis aan onze vrienden kan soms vastlopen vanwege de vele verschillen tussen de Koran en de Bijbel. Weest dus klaar om misverstanden uit de weg te ruimen (I Petrus 3:15).

Als christenen verklaren we dikwijls dat Jezus God is en voeren daartoe diverse bewijzen aan. Als bewijs kunnen we bijvoorbeeld uitleggen dat Jezus' geboorte anders was dan die van ons allemaal. Hij had geen aardse vader zoals wij. Deze uitzondering verheft Hem boven alle andere schepselen die vòòr of nà Hem geboren zijn.

Onze moslimvrienden kunnen dat argument weerleggen door te zeggen, dat dan volgens ons ook Adam God moet zijn, want ook Adam is op unieke wijze geboren uit de aarde zonder tussenkomst van een aardse vader.

Wij hebben nooit gezegd dat Adam God zou zijn. Toch zullen zij volhouden dat wij zoiets geloven. Als u dan zegt dat Adam niet God is, zullen ze u antwoorden dat ook Jezus niet God is en dat Zijn bijzondere geboorte Hem niet anders maakt dan alle andere profeten.

Wat wij als christenen kunnen antwoorden

Ik raad u aan als antwoord vragen te stellen aan onze vrienden die de waarheid zoeken.

* *Zegt de Koran niet dat Jezus geboren is door Gods Geest persoonlijk?* Zij zullen dat bevestigend beantwoorden. Dan is Hij dus **niet** uit de aarde geboren zoals Adam...
* *Zegt de Koran niet dat Adam uit de aarde is geboren?* Zij zullen dat bevestigend beantwoorden. Dus is Adam **niet** net als Jezus uit de Geest geboren...
* Zijn Jezus en Adam dus eender? Zij zullen dat ontkennen.
* Heeft Adam gezondigd? Zij zullen die vraag met "ja" beantwoorden.
* Heeft Jezus gezondigd? Zij zullen dat ontkennen.
* Zijn volgens u Jezus en Adam nog steeds eender? Zij zullen daarop "nee" antwoorden.
* Waarom heeft Adam die uit de aarde is geboren gezondigd, terwijl Jezus, die uit de Geest is geboren, nooit gezondigd heeft?

Als u, in plaats van meteen dogma's te berde te brengen, met deze (of andere) vragen begint volgens uw eigen werkwijze, zult u onze vrienden tot hulp zijn.

Gebruik als startpunt van uw gesprek niet de Bijbel; u zou er de tijd niet voor krijgen. Alleen als u overtuigd bent dat het geschikte ogenblik is aangebroken en u de aandacht van onze vrienden hebt gewonnen, kunt u voortgaan uw getuigenis met de Bijbel te onderbouwen.

Is Jezus als profeet niet meer of minder dan de andere profeten?

Door steeds de methode van vragen toe te passen kunt u onze vrienden de ongeëvenaardheid doen ontdekken van Jezus, Gods Zoon. Probeer eens dit schema:

* *Beste vriend, je hebt gezegd dat Jezus niet buitengewoner is dan de andere profeten. Kun je me de naam van **minstens één** profeet noemen die **dezelfde acht kenmerken** heeft die de Koran aan Jezus toeschrijft?*
* *Onze vriend zou kunnen antwoorden dat hij zich dat niet herinnert, of ook ronduit toegeven dat er geen andere profeten zijn zoals Jezus.*
* *Als hij antwoordt dat hij het zich niet herinnert, vraag hem dan: Ben je dan tenminste in staat om de naam van slechts **één** profeet te noemen met **tenminste één** van deze acht kenmerken?*
* *Als hij eerlijk is (en dat komt vaak voor) zal hij ontkennend antwoorden. U kunt het gesprek dan besluiten met hem vriendelijk te vragen: "Het is dus **niet** waar dat Jezus gelijk is aan al de profeten! Ik ben blij dat je dat begrepen hebt. Wil je dit Nieuwe Testament lezen? Als je wilt, kunnen we elkaar weer ontmoeten als je er enkele hoofdstukken van gelezen hebt. Dan kunnen we er samen over praten onder het genot van een kopje thee."*

Hoofdstuk 2

Hoe moeten we antwoorden als moslims ons zeggen:

1. "In de Bijbel staan profetieën over Mohammed".

We vragen hun dan ons aan te wijzen waar er in de Bijbel over Mohammed wordt geprofeteerd.

Hun eerste antwoord zal dan zijn: "In het Evangelie!"

In werkelijkheid echter halen ze deze mening uit de Koran. Daarin staat in soera 61:6 dat Jezus gezegd zou hebben:

"... Ik ben de gezant van God bij jullie om te bevestigen wat er van de Taura (Thora) voor mijn tijd al was en om het goede nieuws te verkondigen van een gezant die na mij zal komen en van wie de naam Ahmad zal zijn." (Voor de moslims is Ahmad gelijk aan Mohammed, een naam die "de geprezene" betekent.)

De moslims zeggen dat dit Koranvers wordt bevestigd door Johannes 14:16-17; 15:26 en 16:7-8, waarin Jezus de komst van de Trooster belooft, in het Grieks de Parakletos.

Hun fout is dat ze alleen het woord "Trooster" lezen en dan meteen de Bijbel dicht doen.

Als ze verder lazen, zouden ze ontdekken dat het helemaal niet over Mohammed gaat. Laten we de drie aangehaalde bijbelverzen nader bekijken.

"Wanneer de Trooster komt, die Ik u zenden zal van de Vader, de Geest der waarheid, die van de Vader uitgaat, zal deze van Mij getuigen..." (Johannes 15:26).

"Doch Ik zeg u de waarheid: Het is beter voor u dat Ik heenga. Want indien Ik niet heenga, kan de Trooster niet tot u komen, maar indien Ik heenga, zal Ik Hem tot u zenden" (Johannes 16:7).

De moslims houden vol dat het door ons met "Trooster" vertaalde woord in de oorspronkelijke Griekse lezing niet *"Parakletos"*, maar *"periklitos"* is dat *"geprezen"* betekent, dus volgens hen Mohammed. Ze beweren dat de christenen vervolgens het woord *"periklitos"* hebben vervangen door *"Parakletos"* om de profeet van de islam uit te sluiten. Die stelling is echter niet houdbaar, want het woord *"periklitos"* komt in geen enkel oorspronkelijk Grieks handschrift voor. Als ze de bijbelverzen lazen, zouden ze, zoals reeds gezegd, ontdekken dat de *Parakletos* de *Trooster* is, de Heilige Geest. Dat staat duidelijk in Johannes 14:16-17:

> *"En Ik zal de Vader bidden en Hij zal u een andere Trooster geven* **om tot in eeuwigheid bij u te zijn,** *de Geest der waarheid, die de wereld niet kan ontvangen, want zij ziet Hem niet en kent Hem niet; maar gij kent Hem, want Hij blijft bij u en zal in u zijn".*

De uitdrukking *"om tot in eeuwigheid bij u te zijn"* kan niet betrekking hebben op een menselijk wezen, want geen enkel mens kan tot in eeuwigheid leven.

Johannes 14:26 bevestigt dat de Trooster de Heilige Geest is:

> *"... maar de Trooster, de* **Heilige Geest***, die de Vader zenden zal in Mijn naam, die zal u alles leren en u te binnen brengen al wat Ik u gezegd heb."*

Ook uit Johannes 14:16-17 blijkt dat de Trooster de Heilige Geest is en niet een mens.

Verder lezen we in Johannes 16:14: *"Hij (de Geest der waarheid) zal* **Mij** *verheerlijken, want Hij zal* **uit het Mijne nemen** *en het u verkondigen."* De beloofde Trooster zal dus over Jezus spreken en Hem openbaren (zie ook Johannes 14:26).

In Handelingen 1:5 beloofde Jezus: *"Gij zult met de Heilige Geest (de Trooster, de Parakletos) gedoopt worden* **niet vele dagen na deze.***" Jezus gaf deze belofte vòòr Zijn hemelvaart en tien dagen nà Zijn hemelvaart ontvingen de discipelen de gave van de Heilige Geest, dus inderdaad "niet vele dagen na deze".*

Wat is dus ons antwoord?

De belofte dat de Heilige Geest zou wonen en altijd zou blijven in Jezus' discipelen werd weinig dagen na Zijn hemelvaart vervuld (Handelingen 1:5), en niet 540 jaar later met de geboorte van Mohammed. Dezelfde belofte wordt ook vandaag nog vervuld in ieder die in Jezus Christus gelooft als zijn persoonlijke Redder.

Het tweede antwoord van de moslims zal zijn:
"In de Thora!"

De islamitische overtuiging dat de Bijbel profetieën over Mohammed bevat, berust vooral op soera 7:157:

> "... die de gezant, de ongeletterde profeet, volgen die zij bij zich in de Taura (Thora) en de Injil (het Evangelie) beschreven vinden..."

Als wij hun dan vragen wàar de Thora dan spreekt over Mohammed, wijzen ze op Deuteronomium 18:18:

> "Een profeet zal Ik hun verwekken uit het midden van hun broederen, zoals gij zijt; Ik zal Mijn woorden in zijn mond leggen, en hij zal alles tot hen zeggen, wat Ik hem gebied."

Volgens hen is deze profeet Mohammed, want de uitdrukking
- *"zoals gij zijt"* betekent dat hij in alles op Mozes zal lijken; en de uitdrukking
- *"uit het midden van hun broeders"* dat hij zal voortkomen uit de toekomstige afstammelingen van Ismaël (dus in feite *"uit het midden van hun stiefbroeders"*).

Wat is daarop het antwoord van de christenen?

Om hun stelling te onderbouwen hebben de moslims geprobeerd een lijst te maken van eigenschappen die Mozes en Mohammed gemeen hebben. Ze zeggen dat beiden gehuwd waren en kinderen hadden, dat ze beiden oorlogen hebben gevoerd en allebei een volk hebben geleid. Het zwakke punt is dat veel profeten hetzelfde konden zeggen.

Belangrijker is dat de zending van Mohammed niets gemeen had met die van Mozes en die van Jezus! Zowel Mozes als Jezus boden zichzelf als offer aan voor de zonden van hun volk *(Exodus 32:30-32; Deuteronomium 34:10-12; Mattheüs 26:28).* Dat is het echte kenmerk van *"een profeet zoals gij (Mozes) zijt"*.

Indien deze profetie dus niet op Mohammed slaat, wie is dan *"de profeet zoals gij zijt"*?

Voor de eerste christenen, de ooggetuigen van de Messias, was dat **Jezus**.

> "En nu, broeders, ik weet dat gij uit onkunde hebt gehandeld, gelijk ook uw oversten; maar zo heeft God in vervulling doen gaan

wat Hij bij monde van alle profeten tevoren geboodschapt had, dat Zijn Christus moest lijden. Komt dus tot berouw en bekering, opdat uw zonden uitgedelgd worden, opdat er tijden van verademing mogen komen van het aangezicht des Heren, en Hij de Christus, die voor u tevoren bestemd was, Jezus, zende; Hem moest de hemel opnemen tot de tijden van de wederoprichting aller dingen, waarvan God gesproken heeft bij monde van Zijn heilige profeten, van oudsher. Mozes toch heeft gezegd: *de Here God zal u een profeet doen opstaan uit uw broeders, gelijk mij; naar hem zult gij horen in alles wat hij tot u spreken zal; en het zal geschieden, dat alle ziel, die naar deze profeet niet hoort, uit het volk zal worden uitgeroeid"* (Handelingen 3:17-23).

De uitdrukking *"uit uw broeders"* heeft uitsluitend betrekking op het **Joodse geslacht** en niet op de nakomelingen van Ismaël. Ook de Koran zelf stelt in soera 29:27 vast dat God uitsluitend aan de nakomelingen van **Izaäk** het profetenambt heeft toevertrouwd.

"En Wij hebben hem (aan Abraham) Izaäk en Jacob geschonken en Wij hebben in zijn nageslacht het profeetschap en het boek tot stand gebracht. En Wij hebben hem zijn loon in het tegenwoordige leven gegeven en in het hiernamaals..." (soera 29:27).

Uit deze soera blijkt...
- dat het geslacht van Ismaël is **uitgesloten**;
- dat de Koran Gods Woord **niet kan zijn**.

Conclusie:

De voortdurende poging om Mohammed de plaats van Jezus te doen innemen is eigenlijk een wanhopige manoeuvre om soera 61:6 met soera 7:157 te verzoenen, en om het profetenambt van Mohammed geloofwaardig te maken voor christenen. Anders zou immers de Koran verklaren dat alleen de Bijbel Gods Woord is en dat het vertrouwen van de moslims in de Koran ongegrond is. Soera 29:27 bevestigt dat het Boek van God uitsluitend voortkomt uit de nakomelingen van Izaäk en Jacob. Daarom sluit ook de Koran de nakomelingschap van Ismaël uit als brengers van het Woord van God.

Hoe te antwoorden als ze zeggen:
2. "Alle profeten zijn zonder zonde."

Met deze bewering willen de moslims de **absolute zondeloosheid** van Jezus ontkennen, met het doel Hem gelijk te doen zijn aan Mohammed. Wat ze zeggen wordt echter niet bevestigd door de Koran, want daarin staat dat Mohammed een zondaar was als alle andere mensen.

> "Volhard dus geduldig, want Gods toezegging is waar, vraag om vergeving voor jouw zonde en prijs de lof van jouw Heer in de avond en 's ochtends vroeg" (soera 40:55).

> "Weet dan dat er geen god is dan God en vraag vergeving voor jouw zonden en voor de gelovige mannen en vrouwen" (soera 47:19).

> "... opdat God jou je vroegere en je latere zonden vergeeft, Zijn genade aan jou volledig bewijst en jou op een juiste weg leidt" (soera 48:2).

In de aangehaalde soera's nodigt de engel Gabriël Mohammed dus uit om aan Allah vergeving te vragen voor de zonden die hij heeft begaan.

Zowel de Koran als het Nieuwe Testament bevestigen dat alleen Jezus geen enkele zonde heeft begaan. Dezelfde engel Gabriël bevestigt in de Koran de reinheid van Jezus:

> "Hij (de engel Gabriël) zei: Maar ik ben de gezant van jouw Heer om jou een **reine** jongen te schenken" (soera 19:19).

Het Arabisch gebruikt hier voor "rein" het woord *zachiian* dat "zondeloos" betekent, **een kenmerk dat de Koran alleen aan Jezus toeschrijft.** Het woord *zachiian* kan op de volgende wijzen worden vertaald: zonder zonde of schuld, puur, integer, eerlijk, rechtvaardig (volgens het Arabisch-Engelse woordenboek van Hans Wehr).

Conclusie:

Dit onderwerp ligt heel gevoelig. Daarom moet u in het gesprek u beperken tot het lezen van deze Koranverzen en het aan uw vrienden overlaten hun conclusies daaruit te trekken. Pas er voor op hen niet te beledigen. Kritiseer niet en trek de conclusies niet zelf. Dan zult u ontdekken dat ze graag meer willen weten over het leven van Jezus. Sommigen zullen zeggen dat Mohammed misschien "kleine zonden" heeft begaan, maar dan kunt u antwoorden dat de Koran zelfs deze zogenaamde "kleine zonden" niet aan Jezus toeschrijft. Daar komt nog bij dat God geen onderscheid maakt tussen "kleine" en "grote" zonden.

Hoe te antwoorden als ze zeggen:
3. "Men wordt gered door goede werken."

In soera 14:23 staat:

> "Zij die geloven en de deugdelijke daden doen zullen in tuinen binnengebracht worden, waar de rivieren onderdoor stromen. Zij zullen met de toestemming van hun Heer daarin altijd blijven; hun begroeting daarin zal zijn: Vrede!"

Net als de volgelingen van elke andere godsdienst, geloven ook de moslims dat de redding wordt verkregen door het doen van goede werken. Gods oordeel hangt dus af van hun werken. Volgens de moslims is dat niet fataal, want ze geloven niet dat de zonde de verbreking van de gemeenschap met God en de eeuwige scheiding van Hem veroorzaakt. Volgens hun geloof gebruikt God de balans van goed en kwaad en zullen ze **misschien** gered worden als hun goede werken de slechte overtreffen. Wij willen hen helpen om de waarheid te ontdekken van de redding die men uit genade verkrijgt door het geloof in het volmaakte werk van Jezus. Ook de moslims zijn zich innerlijk ervan bewust zondaars te zijn en hebben de zekerheid van de redding niet.

Waarom baseren ze zich dan op de goede werken?

Als ze wisten wat de Koran zegt in **soera 19:71**, zouden ze worden geholpen om af te zien van hun eigengerechtigheid en zich alleen toe te vertrouwen aan de genade in Jezus.

> "Er is niemand onder jullie die er niet naar zal afdalen. En het is voor jouw Heer een besluit dat gevallen is" (soera 19:71).

Uit het verband van soera 19:68-71 is duidelijk dat hier gesproken wordt over de hel.

Deze uitspraak houdt in dat **allen**, vroom of minder vroom, met inbegrip van Mohammed, oog in oog zullen komen met de hel. Ook de islamitische commentator Hamza Piccardo bevestigt dit als hij schrijft: "... **ieder** mens zal over een brug moeten gaan die over de hel loopt."

Elders zegt de Koran:

"Zeg (o Mohammed): Ik vertegenwoordig niet iets ongehoords onder de gezanten. *Ik weet ook niet wat er met mij en met jullie zal gebeuren.* Ik volg slechts wat aan mij geopenbaard wordt en ik ben alleen maar een duidelijke waarschuwer" (soera 46:9).

In deze soera geeft de profeet toe niet te weten wat er van hem of van zijn volgelingen zal worden. Als de moslims ontdekken dat de Koran en Mohammed geen zekerheid bieden, tot wie moeten ze zich dan wenden?

Toch kunt u sommige (niet vele) moslims ontmoeten die beweren de zekerheid van de redding te hebben. Zij kunnen dat niet bewijzen, maar misschien zeggen ze het om nieuwe volgelingen voor hun godsdienst te werven.

In werkelijkheid blijft er slechts één mogelijkheid over. Die mogelijkheid wordt geboden door Gods Zoon Jezus, die heeft gezegd:

"Voorwaar, voorwaar, Ik zeg u, wie Mijn woord hoort en Hem gelooft, die Mij gezonden heeft, heeft eeuwig leven en *komt niet in het oordeel*, want hij is overgegaan uit de dood in het leven" (Johannes 5:24).

Hoofdstuk 3

De christenen onderzoeken de Koran

Eerste deel

Het lijkt erop dat de Koran zèlf de mensen uitdaagt om er een of andere fout of tegenstrijdigheid in te ontdekken, als het boek beweert volmaakt te zijn als bewijs van zijn "goddelijke" inspiratie (soera 39:23, 28).
Soera 4:82 zegt:

> "Overpeinzen zij de Koran dan niet? Als hij van een ander dan God gekomen was, dan zouden zij er veel tegenstrijdigs in vinden."

Het boek van Mohammed beweert de voortzetting te zijn van de Bijbel (soera 2:136) en kan dus logischerwijs de Bijbel niet tegenspreken. We zullen echter zien dat de Koran ideeën over God, levensbeschrijvingen, beginselen en belangrijke leerstellingen bevat die niet alleen met de Bijbel in strijd zijn, maar ook veel weg hebben van de godsdiensten van heidense volken.

De moslims zijn zich bewust van deze verschillen tussen de Koran en de Bijbel en daarom verdedigen ze zich door de christenen aan te klagen de Bijbel te hebben veranderd. Dat is gemakkelijk gezegd en als zodanig is deze aanklacht onaanvaardbaar zolang zij die niet **met feiten bewijzen.** Als we met hen praten moeten we deze ongefundeerde aanklacht met beslistheid afwijzen, maar ook – en laten we dat niet vergeten – met respect!

De verontrustende tegenstrijdigheden tussen de Koran en de Bijbel

> "Het is niet zo dat deze Koran buiten God om verzonnen kan worden..." (soera 10:37).

> "Overpeinzen zij de Koran dan niet? Als hij van een ander dan God gekomen was, dan zouden zij er veel tegenstrijdigs in vinden" (soera 4:82).

Lijst van enige verschillen tussen de Koran en de Bijbel:

In hoeveel dagen heeft de schepping plaats gevonden?
- De Koran zegt dat de schepping in acht dagen (2+4+2) heeft plaats gevonden (soera 41:9-12), en zegt elders dat het in zes dagen gebeurde (soera 7:54; 25:59; 10:3).
- In Genesis lezen we dat God alles in zes dagen schiep (Genesis 1:31-2:1; Exodus 20:11).

Werd Noach met twee of met drie zonen gered?
- De Koran zegt dat één van Noachs zonen weigerde in de ark te gaan en samen met de ongelovigen omkwam (soera 11:42-43).
- Volgens de Bijbel gingen alle drie de zonen van Noach in de ark en werden ze alle drie gered uit de zondvloed (Genesis 7:1,7,13).

Vergissingen betreffende Abraham
- Volgens de Koran heette Abrahams vader Azar (soera 6:74), terwijl de Bijbel verklaart dat hij Terah heette (Genesis 11:26).
- De zoon die Abraham bereid was te offeren was niet Ismaël. De moslims denken dat, ook al vermeldt de Koran zijn naam niet (soera 37:100-112). Alleen de Bijbel vermeldt de naam van de zoon in kwestie: Izaäk (Genesis 22:2). (Opmerking: Alle moslims weten dat Abraham God gehoorzaamde toen hij Ismaël en zijn moeder Hagar wegzond uit de nabijheid van Izaäk. Wat de moslims niet weten is dat Abraham, behalve Ismaël, ook de zes zonen wegzond die zijn vrouw Ketura hem baarde.)
- Na Sara's dood nam Abraham een andere vrouw die Ketura heette. De Koran suggereert indirect dat hij slechts één vrouw had, namelijk Sara (Genesis 25:1; soera 11:71-72; 51:24-30).
- In totaal had Abraham **acht** zonen (zes van Ketura plus Ismael en Izaäk), terwijl de Koran slechts spreekt van **twee** (Genesis 25:2: soera 14:39).
- Abraham woonde en aanbad niet in de vallei van Mekka, zoals de Koran zegt in soera 14:37, maar, zoals de Bijbel zegt, in Hebron (Genesis 23:2; 35:27).

- Abraham bouwde de Kaäba niet, hoewel dat door de Koran wordt gesuggereerd (soera 2:125-127).
- In tegenstelling met wat de moslims beweren, namelijk dat de Koran de Bijbel bevestigt, moeten we ons in het licht van bovengenoemde tegenstrijdigheden afvragen hoe het mogelijk is dat de inlichtingen van de Koran en de Bijbel elkaar zò tegenspreken.

Vergissingen betreffende Jozef
- De Koran zegt dat Jacobs zoon Jozef werd gekocht door **Aziz** (soera 12:21, enz.).
- De Bijbel vermeldt dat hij **Potifar** heette (Genesis 37:36).

Vergissingen betreffende Mozes
- De Koran zegt dat Mozes werd geadopteerd door de vrouw van Farao (soera 28:8-9).
- De Bijbel zegt dat de dochter van Farao dat deed (Exodus 2:5).

Vergissingen betreffende Jezus
- De Koran zegt dat Jezus meteen na zijn geboorte het wonder deed om als volwassene te praten (soera 19:29-33). In al zijn verhalen over de kindertijd van Jezus vermeldt de Bijbel geen enkel wonder; het eerste wonder dat Hij deed was tijdens de bruiloft van Kana (Johannes 2:1-12) en toen was Hij al volwassen.

Vergissingen betreffende Maria
Wat Maria betreft vermeldt de Koran niet getrouw wat God over haar in de Bijbel vertelt.
- De vader van Maria was niet **Imram** (soera 66:12) en Maria was ook niet de zuster van Aäron (soera 19:28). Kennelijk wordt hier Jezus' moeder Maria met Mozes' zuster Mirjam verward, twee vrouwen die 1500 jaar na elkaar leefden.
- Maria baarde Jezus niet onder een palm (soera 19:23), maar in een stal (Lucas 2:7).

Naamsverwarringen
- De Koran geeft andere namen aan Bijbelse persoonlijkheden, zoals Gialut (Goliath), Talut (Saul), Idris (Henoch), Dhu'l-Khifl (Ezechiël), Yahya (Johannes de Doper), Yunus (Jona), Aisa (Jezus) ... en nog verschillende andere.

Anachronismen
- De Koran zegt dat **Haman** leefde in de tijd van Mozes, dat hij voor Farao werkte en *de toren van Babel* bouwde (Soera 28:38; 29:39; 40:23-24, 36-37). De Bijbel zegt dat Haman in Perzië leefde als dienaar van koning Ahasveros (Esther 3:1-7).
- De kruisiging werd niet toegepast in de tijd van Farao zoals de Koran zegt (soera 7:124).
- In de Koran wordt vermeld dat een Samaritaan meehielp met het maken van het gouden kalf in de tijd van Mozes (soera 20:87, 95). Hoe kon er in die tijd een Samaritaan zijn, terwijl Samaria pas omstreeks 880 v. C. werd gesticht?

Twijfelachtige en vreemde uitspraken
- Allah heeft 7 werelden en 7 hemelen geschapen (soera 65:12), maar elders spreekt het boek slechts over één aarde (soera 2:29; 17:44).
- Soera 2:65, 5:60 en 7:166 spreken van Joden die in apen en zwijnen werden veranderd.
- Ongehoorzame vrouwen kunnen worden geslagen (soera 4:34).
- De man is belangrijker dan de vrouw (soera 2:228; 4:34).

Veranderingen in de Tien geboden
De tien geboden, die God aan Mozes heeft gegeven, zijn in de Koran anders en minder talrijk. Laten we samen deze "islamitische geboden" bekijken in soera 6:151-152:

> "Zeg: 'Komt, dan zal ik jullie voorlezen wat jullie Heer jullie verboden heeft:
> 1. dat jullie aan Hem niets als metgezel mogen toevoegen (d.w.z. een ander aan Allah gelijk stellen);
> 2. om goed te zijn voor de ouders;
> 3. dat jullie je kinderen niet mogen doden uit vrees voor armoe; Wij voorzien in jullie en hun levensonderhoud;
> 4. dat jullie geen gruwelijkheden mogen benaderen, noch uiterlijk noch innerlijk;
> 5. dat jullie niemand mogen doden, wat God verboden heeft, behalve volgens het recht. Dat draagt Hij jullie op: misschien zullen jullie verstandig worden.
> 6. En dat jullie niet aan het bezit van de wees mogen komen, tenzij dat op de beste manier gebeurt, totdat hij volgroeid is en dat jullie volle maat en gewicht in billijkheid moeten geven.

7. Wij leggen niemand meer op dan hij kan dragen. En als jullie een uitspraak doen, weest dan rechtvaardig zelfs al zou het een verwant betreffen. En dat jullie de verbintenis met God na moeten komen, dat draagt Hij jullie op; misschien laten jullie je vermanen."

Wij vragen ons af:

Waar zijn de andere geboden, zoals:
- "Gij zult u geen gesneden beeld maken noch enige gestalte van wat boven in de hemel, noch van wat beneden op de aarde, noch van wat in de wateren onder de aarde is" (Exodus 20:4).

De zwarte steen is ingemetseld in een hoek van de Kaäba, het heiligdom van Mekka. Die steen wordt vereerd en gekust door alle moslims van de wereld in navolging van hun profeet die dat als eerste deed. Bovendien is **het graf van Mohammed** in Medina het reisdoel van miljoenen moslims die het bezichtigen, aanraken en de stoffelijke resten van hun profeet vereren. In verschillende delen van de moslimwereld worden de overblijfselen van heiligen vereerd. De *"hand van Fatima"* behoort tot de meest verbreide amuletten en gelukbrengers die de moslims in bepaalde moslimstreken gebruiken. Laten we een blik werpen op de afgodische praktijken die overal verbreid zijn onder veel moslims: hun levenswijze is gericht op animistisch bijgeloof, waarzeggerij, tovenarij, amuletten tegen het *"boze oog"*, heiligenverering, vruchtbaarheidsriten, enzovoort.

De soennitische moslims willen ons doen geloven dat zij tegen deze dingen gekant zijn, maar het feit blijft dat ze wereldwijd worden toegepast, vooral onder moslimvrouwen.

En waar zijn de andere geboden, zoals:
- "Gij zult niet echtbreken" (Exodus 20:14).
- "Gij zult niet begeren uws naasten huis; gij zult niet begeren uws naasten vrouw, noch zijn dienstknecht, noch zijn dienstmaagd, noch zijn rund, noch zijn ezel, noch iets dat van uw naaste is" (Exodus 20:17).

Vragen die gesteld moeten worden

- *De zonden van de begeerte, genoemd in de Tien Geboden, worden volkomen genegeerd in de lijst van de "islamitische geboden". Waarom?*
- *Waarom zijn de "islamitische geboden" in de Koran niet gelijk aan de geboden in de Thora die door God aan Mozes zijn gegeven?* Laten we eraan denken dat de Tien Geboden door de vinger van God, de Schepper van het heelal, werden gegrift op twee stenen tafelen, zoals ook de Koran zegt (soera 7:143-145). De Koran is echter niet direct door Gods vinger geschreven. *Welke zijn dus betrouwbaarder, de islamitische geboden of de Tien Geboden?*

Als sommige moslimvrienden eraan twijfelen dat God Zelf de Tien Geboden heeft geschreven, herinner hen dan eraan dat ook Mohammed dat heeft gezegd. De Hadith zijn verzamelingen van islamitische overleveringen waaraan de islamieten in heel de wereld vasthouden. In die van Sahih Al-Bukhari 8.611 bevestigt Abu Huraira:

> "De profeet zei: 'Adam en Mozes waren met elkaar in discussie. Mozes zei tot Adam: Adam, jij bent onze vader; jij hebt ons teleurgesteld en gemaakt dat we uit het paradijs zijn verbannen. Toen antwoordde Adam: Mozes, Allah heeft je verkozen en heeft direct met je gesproken (zonder tussenpersonen), **en Hij heeft de Thora voor je geschreven met Zijn eigen hand**'."

Wat te denken van andere tegenstrijdigheden?

- **Adam** is geschapen uit leem (soera 55:14), uit sperma (soera 76:2), uit een druppel geronnen bloed (soera 96:2) en door Allah's hand (soera 38:75).
- **Wijn is verboden** (soera 5:90-91; 2:219), maar in het paradijs kan men genieten van rivieren van wijn (soera 47:15).
- **Het erfrecht.** De erfenis wordt in gelijke delen verdeeld onder mannelijke en vrouwelijke erfgenamen (soera 4:7; 2:180), maar elders lezen we dat de mannelijke erfgenamen dubbel zoveel krijgen als de vrouwelijke (soera 4:11).
- **Wie heeft de Koran geschreven?** *Allah* (soera 3:3; 4:105, 113)? *De geest der heiligheid ofwel de engel Gabriël* (soera 26:192-194; 16:102; 2:97)? *Of de engelen* (soera 15:8-9)?

- **Het aantal dagelijkse gebeden is drie en niet vijf** (soera 24:56-58). *Waarom bidden de moslims dan vijf keer per dag?*
- **De straf op overspel:** *levenslange opsluiting* (soera 4:15) of *honderd zweepslagen* (soera 24:2)?
- **De gelijkwaardigheid van de profeten:** *zijn zij gelijkwaardig* (soera 3:84; 2:285; 2:136) *of zijn enkele van hen belangrijker dan de andere* (soera 2:253)?
- **De soera's die spreken van het zwaard:** We lezen in de Koran dat de heidenen moeten worden gedood waar ze zich ook maar bevinden (soera 9:5); dat hun hoofden in de strijd moeten worden afgehakt (soera 47:4); dat de mensen van het Boek moeten worden bestreden totdat ze de moslimbelasting hebben betaald (soera 9:29); dat er gestreden moet worden totdat de islam is gevestigd (soera 8:39) en dat er een zeer streng oordeel is over hen die het islamitische geloof verlaten (soera 4:89; 9:3). Elders in de Koran lezen we echter over *"de vrijheid van godsdienst"*: **"Er is geen dwang in de godsdienst"** (soera 2:256).
- **De heidenen en de Joden worden beschouwd als degenen die het meest vijandig zijn jegens de moslims,** terwijl de christenen (de zogenaamde "nazarenen") het meest vriendschappelijk zijn (soera 5:82). Elders lezen we echter dat de moslims ook geen vriendschap moeten sluiten met de christenen (soera 5:51,57).
- **Allah vervloekt alle leugenaars, maar laat vervolgens aan Mohammed toe** een eed te breken (soera 66:1-2).
- **Veelwijverij:** de Koran laat de man toe om tegelijkertijd meer vrouwen te hebben als hij ze maar rechtvaardig behandelt (soera 4:3), maar geeft verderop toe dat de man daarin onmogelijk kan slagen (soera 4:129).

Conclusie:

God kan Zich niet tegenspreken (Numeri 23:19; Jesaja 6:3; Psalm 22:5; 93:5; I Johannes 1:5b; Jacobus 1:17b). *Als de Koran zichzelf tegenspreekt, hoe kan zij dan van God afkomstig zijn?*

Tweede deel

Hoe moeten we antwoorden als ze zeggen:

"De Koran is Gods Woord omdat hij geopenbaard is aan een profeet die analfabeet was".

Dit misverstand onder de moslims berust op het probleem van de juiste uitleg van het Arabische woord *ummi*.

De moslims weigeren de Koran ter discussie te stellen, maar elke godsdienst, die niet onderzocht mag worden volgens de regels van de logica en de normale maatstaven, heeft iets te verbergen. Na dit voorop te hebben gesteld zullen we nu de Koran onderzoeken.

Om de Koran een aureool van heiligheid te verlenen, zeggen de moslims dat Mohammed analfabeet was *(ummi)*.

Als u hun vraagt waarom ze het zo belangrijk vinden dat Mohammed analfabeet was, dan antwoorden ze dat een analfabeet niet zo'n uniek literair werk als de Koran had kunnen voortbrengen. Daarom denken ze dat de Koran noodzakelijkerwijs door Allah Zelf is geïnspireerd en dat Mohammed de profeet is voor heel de wereld.

Ze denken daarom gewoonlijk als volgt:
Hoe kan een analfabeet zo'n uniek en wonderbaar boek als de Koran voortbrengen? Het is gewoon ondenkbaar dat een analfabeet als Mohammed ooit een genie van Arabische dichtkunst zou worden.

In dit hoofdstuk zullen we onderzoeken of onze moslimvrienden gelijk hebben.
Hun geloof berust op wat de Koran zegt in soera 7:157:

> "Hun, die de gezant, de *ongeletterde profeet* volgen, die zij bij zich in de Taura (Thora) en de Injil (het Evangelie) beschreven vinden. Hij gebiedt hun het behoorlijke...".

Als we willen begrijpen wat de term *ongeletterd* werkelijk betekent, moeten we de Arabische grondtekst onderzoeken. Daar staat *"annabiyal-ummi"* ofwel *de ongeletterde profeet*. Het Arabische woord *nabi* betekent "profeet", terwijl het woord *ummi* nader wordt uitgelegd in deze soera:

"Hij is het die bij de *ongeletterden* een gezant in hun midden heeft laten opstaan die aan hen Zijn tekenen voorleest, die hen loutert en die hun het boek en de wijsheid onderwijst, ook al verkeerden zij vroeger in duidelijke dwaling" (soera 62:2).

Wie zijn deze *ongeletterden*?

Het gebruikte Arabische woord in soera 62:2 is *ummiiuna,* dat "ongeletterden" betekent, net zoals *ummi* in soera 7:157 "ongeletterd" betekent.

In dit verband wordt het woord *ummi* gebruikt om de mensen aan te duiden die de Schriften niet hadden, in tegenstelling met de Joden en de christenen. Met andere woorden, deze mensen **waren onkundig van de Heilige Schriften,** ze waren niet vertrouwd met het Woord van God of eenvoudigweg onopgeleid.

Ze waren dus onopgeleid wat betreft de Heilige Schriften...

Ook het Engelse commentaar (Koran, Yusuf Alì, opmerking 5.451) verklaart het duidelijk genoeg: "**The Unlettered:** as applied to a people, it refers to the Arabs, in comparison with the People of the Book, who had a longer tradition of learning, but whose failure is referred to in verse 5 below. As applied to individuals, it means that Allah's Revelation is for the benefit of all men, whether they have worldly learning or not."

Dus om het samen te vatten: Mohammed begreep dat hij de profeet was voor zijn tijdgenoten die het Boek en de goddelijke openbaring niet hadden, dat wil zeggen voor de onkundigen met betrekking tot de Heilige Schriften in die tijd (zie soera 62:2).

Bevestigen de Koran en de islamitische commentatoren indirect dat Mohammed kon lezen en schrijven?

Laten we als bewijs de tekst van de Koran onderzoeken. Een ander vers spreekt over de Joden en zegt duidelijk dat sommigen van hen *ongeletterd* zijn:

"Onder hen zijn er ongeletterden die het boek op verzinsels na niet kennen en die alleen maar vermoedens hebben" (soera 2:78).

De Engelse Koran van Yusuf Alì bevestigt wat ik tot nu toe heb uitgelegd en vertaalt soera 2:78 als volgt:

"And there are among them illiterates who know not the Book but (see therein their own) desires and they do nothing but conjecture".

Het commentaar zegt in opmerking 84: "The argument is continued. The Jews wanted to keep back knowledge, but what knowledge had they? Many of them, **even if they could read, were no better than illiterates,** for they knew not their own true Scriptures, but read into them what they wanted, or at best their own conjectures".

Het is erg onwaarschijnlijk dat al die Joden toentertijd analfabeten waren. Door zoiets te beweren zou Mohammed zich aan een vals getuigenis hebben bezondigd. Het boven aangehaalde vers stelt daarentegen dat veel Joden, die in die tijd in Arabië woonden, weinig vertrouwd waren met de Thora, de Psalmen en de Evangeliën.

De vertaling "ongeletterd" van het Arabische woord *"iummia"*, waarmee Mohammed in de Koran wordt gekenschetst, betekent dat hij in het geheel niet de Heilige Schriften kende die door God aan Mozes waren geopenbaard.

Indien de moslims blijven zeggen dat het Arabische woord *iummia (in enkelvoud)* "analfabeet" betekent, kunnen we antwoorden dat volgens één van de meest gezaghebbende Arabische woordenboeken het woord *ummi* de volgende drie betekenissen kan hebben: *ongeletterd,* in sommige verbanden ook *onopgeleid,* terwijl het vreemd genoeg soms ook *mammon* kan betekenen (Arabic-English Dictionary, The Hans Wehr Dictionary of Modern Written Arabic, third edition, edited by J.M.Cowan, 1976).

Hier volgen enkele antwoorden:

Wat zijn de bewijzen voor mijn stelling dat Mohammed geen analfabeet was?

- Uit de aanhalingen uit de zeer gezaghebbende **Hadith Al-Bukari,** die in de volgende regels zullen worden vermeld, blijkt dat **Mohammed geen analfabeet was!** Hij schreef zelfs zijn eigen huwelijkscontract. Als hij kon schrijven, waarom wordt Mohammed door de moslims dan nog als een analfabeet beschouwd? Volgens mij is het antwoord, dat de overgrote meerderheid van de moslims geen weet heeft van de belangrijke inlichtingen die door hun eigen overlevering worden geboden.

- Als mijn moslimvrienden ze aan de weet komen, zijn ze verbijsterd. Laten we hun dus de onweerlegbare bewijzen geven vanuit hun eigen overlevering!

Het bewijs dat Mohammed kon schrijven komt uit de islamitische overlevering van Al-Bukhari:

"Ibn 'Abbas zei: Toen de ziekte van de profeet dreigde te verergeren, zei hij: 'Brengt mij schrijfpapier, dan zal ik mijn laatste wil daarop schrijven zodat gij niet afdwaalt'" (Sahih Al-Bukhari Hadith 1.114, overgeleverd door Ubaidullah bin Abdullah).

"Eens schreef de profeet een brief, of had het plan er een te schrijven. Tot de profeet werd gezegd dat de bestuurders hem niet zouden lezen als zijn zegel er niet aan was gehecht. Daarom verschafte de profeet zich een zilveren ring met erin gegraveerd het merk: 'Mohammed, apostel van God'. Ik bewonderde het glimmend wit in de hand van de profeet" (Sahih Al-Bukhari Hadith 1.65, overgeleverd door Anas bin Malik).

"Wij begeleidden de profeet in Ghazwa van Tabuk, en de koning van 'Aila gaf de profeet als geschenk een witte muilezel en een deken. Daarna schreef de profeet hem een vredesverdrag waarmee hij hem toestond in zijn land te blijven" (Sahih Al-Bukhari Hadith 4.387, overgeleverd door Abu Humaid As Saidi).

"De apostel van Allah schreef een brief aan Caesar met deze inhoud: 'Als u de islam afwijst, zult u verantwoordelijk zijn voor de zonden van uw volk'" (Sahih Al-Bukhari Hadith 4.187, overgeleverd door Abdullah bin Abbas).

"De apostel van Allah schreef aan Caesar een brief en nodigde hem uit de islam te aanvaarden. Hij verzond de brief door middel van Dihya Al-Kalbi die hem moest overbrengen aan de gouverneur van Busra, die hem op zijn beurt zou hebben overhandigd aan Caesar..." (Sahih Al-Bukhari Hadith 4.191, overgeleverd door Abdullah bin Abbas).

"De apostel van Allah nam het document en schreef: 'Dit is hetgeen Muhammed zoon van Abdullah overeen is gekomen'" (Sahih Al-Bukhari Hadith 3.863, overgeleverd door Al Bara).

"De apostel van Allah zei: 'De Joden moeten de bloedprijs betalen van uw (vermoorde) metgezel of de oorlog verklaren.' Na dit gezegd te hebben schreef hij de Joden een brief met die inhoud, en zij schreven terug hem niet vermoord te hebben..." (Sahih Al-Bukhari Hadith 9.302, overgeleverd door Abu Laila bin Abdullah bin Abdur Rahman bin Sahl).

"De profeet schreef het huwelijkscontract met *Aiscia* terwijl zijzelf nauwelijks zes jaar oud was en had gemeenschap met haar toen het kind negen jaar was. Aiscia bleef negen jaar bij hem *(d.w.z. tot zijn dood)"* (Sahih al-Bukhari Hadith 7.88, overgeleverd door Ursa). *(Opmerking: Mohammed was toen ongeveer vijftig jaar.)*

"Wij waren in Mirbad. Een man met lange haren kwam op ons af... en wij lazen de brief die hij ons gaf: 'Van Mohammed, de apostel van Allah, aan Banu Zuhayr ibn Uquaysh. Als u toegeeft dat er geen andere god is dan Allah en dat Mohammed zijn profeet is, de gebeden verricht en de bijdrage (zakat) betaalt, enzovoort... dan zult u staan onder de bescherming van de apostel van Allah.' Toen vroegen we hem: 'Wie heeft dit document geschreven?' En hij antwoordde: 'De apostel van Allah'" (Sunan van Abu-Dawood, Hadith 2993, overgeleverd door Yazid ibn Abdullah).

Bij dit alles moeten we bedenken dat de *bedoeïenen* het **welsprekendst** waren wat betreft het klassieke Arabisch. Mohammed groeide tot zijn vijfde jaar met hen op, en tot 40-jarige leeftijd dreef hij handel met hen. We weten allemaal dat handelaars te maken hebben met **cijfers en contracten**. Volgens de islamitische overlevering werd Mohammed zò bekwaam, dat een rijke weduwe hem in dienst nam als hoofd van haar eigen "firma". Deze weduwe *Khadigia* werd vervolgens zijn vrouw. Zij was toen 40 jaar en hij 25. Wie zou er nu een analfabeet aanstellen als hoofd van zijn handelsfirma? Dus vraag ik aan mijn moslimvriend: *"Zou jij een analfabeet aanstellen in die functie?"*

Conclusies

Hoewel *ummi* soms *analfabeet* kan betekenen, dus iemand die niet kan lezen en schrijven, kan het in het geval van Mohammed ook betekenen dat hij geen formele opleiding had genoten, dat wil zeggen dat hij geen officiële rabbijnse vorming had ontvangen. Met andere woorden, het woord *ummi* kan betekenen *"leek, gewone man, niet onderlegd in de Heilige Schriften"*. Dat wil zeggen dat Mohammed aan het begin van zijn mandaat de Thora, de Psalmen en de Evangeliën niet kende. Alle moslims zijn het daarover eens.

In de dagen van Mohammed werd het Arabisch in heel Arabië gesproken. De gewoonte om in poëzie te spreken was toentertijd zò algemeen, dat de langste en mooiste gedichten (de zogenaamde *muallaqat*) werden aangeplakt zodat iedereen ze kon lezen. Mohammed groeide op in die cultuur en nam zodoende vanzelf deze stijl van spreken aan.

Veel gezaghebbende niet-islamitische bronnen, die op het ogenblik in omloop zijn, vermelden dat het zeker niet uitgesloten is dat Mohammed zelf de Koran heeft samengesteld en geschreven.

- Wat betreft het zogenaamde onnavolgbare proza van de Koran moeten we antwoorden dat wij, Westerlingen, dat niet kunnen constateren omdat wij de Arabische taal niet kennen.

Evenwel, in de dagen van Mohammed en ook daarvòòr was het dichten net zo'n gewone en dagelijkse bezigheid als vandaag de sport. Ieder die in zo'n milieu leefde kon de kunst ontwikkelen om in poëzie ook iets gewoons als "Geef me te drinken" te vragen! Daarom is het waarschijnlijk dat Mohammed op natuurlijke wijze geneigd was om te dichten, omdat zijn bedoeïenenstam onder de Arabieren de meest welsprekende en dichterlijke was.

- Om het profetenambt van Mohammed aan te tonen, moeten de moslims onweerlegbare en geschiedkundig gedocumenteerde bewijzen aanvoeren.

Tot besluit herhaal ik dat de term "ongeletterd" in de Koran betrekking heeft op iemand die **onkundig** is met betrekking tot de Heilige Schriften!

Derhalve is de vertaling of uitleg van die term als "analfabeet" onterecht en misleidend, zowel voor onze moslimvrienden als voor ons Westerlingen aan wie deze foute uitleg wordt opgelegd.

Hoe moeten we antwoorden als ze zeggen:

"De Koran is geopenbaard in volmaakt Arabisch".

"Wij weten wel dat zij zeggen: 'Het is slechts een mens die hem onderwijst.' De taal van hem op wie zij abusievelijk doelen is vreemd, maar dit is duidelijke Arabische taal" (soera 16:103).

De aanwezigheid van buitenlandse woorden

De Koran verklaart niet alleen in zuiver Arabisch geschreven te zijn, maar sluit ook uit dat zijn inhoud buitenlandse woorden bevat (soera 41:44). Daaruit volgt dat de moslims ervan overtuigd zijn dat de Koran het wonder van Mohammed is, dat woord voor woord aan hem gegeven is in zuiver en volmaakt Arabisch. De moslims zeggen ook dat de Koran alleen in het Arabisch kan bestaan, want dat is de taal die Allah spreekt en alleen in dié taal kan het boek exact zijn woorden weergeven. (Dat houdt ook in dat voor hen de Bijbel niet Gods Woord is.) De deskundigen verklaren echter dat er in de Koran 118 niet-Arabische woorden staan. We vermelden er minstens tien:

- *Farao* (84 keer) betekent *"koning"* in antiek Egyptisch. Het Arabisch kent dat woord niet.
- *Adam en Eva* (24 keer) zijn antiek. In het Arabisch heten ze *basciaran* en *genna*.
- **Sirat** (richting) is Perzisch. Het Arabische woord ervoor is *el-tariq*.
- **Huur** (discipel) is Perzisch. Het Arabische woord ervoor is *tilmiid*.
- **Ginn** (goede of boze geest) is Perzisch. Het Arabische woord ervoor is *ruh*.
- **Firdaus** (hoogste hemel) is Perzisch. Het Arabische woord is *sgienna al-jannah*.
- **Tabuut, taghaut, zakat, malakut** zijn allemaal Syrische woorden.
- **Heber, sakinah, mauun, taurat, sgeannim** komen allemaal uit het Hebreeuws.
- **Injil** (Evangelie) is verbasterd Grieks. Het Arabische woord is *bisciarah*.
- **Messia** (Gezalfde) komt uit het Hebreeuws. Er bestaat geen Arabisch woord voor.

Dus vragen we ons af:

* Als Allah in de Koran alleen Arabisch spreekt en Hijzelf de Koran aan Mohammed heeft gedicteerd, hoe komen die vreemde woorden er dan in?
* Is het aan "Allah's onwetendheid" te wijten dat hij niet het Arabisch van het Hebreeuws en het Grieks weet te onderscheiden?
* Of moeten we dan tòch toegeven dat er sprake is van "menselijke" toevoegingen?
* Als Allah zich niet kan vergissen, zou het dan soms komen omdat minstens **48** mensen Mohammed hebben geholpen zijn uitspraken (of openbaringen) op te schrijven? (Dat vermeldt de historische bron van Zayd Ibn Thabit: "De islamitische overlevering: de biografie van de metgezellen".)

De aanwezigheid van taalkundige fouten

De moslims geloven dat de Koran als "volmaakte" openbaring van Allah geen taalkundige fouten bevat. Maar we zullen zien dat ze er wèl zijn. Kunnen we van een almachtige en alwetende God zulk soort fouten in Zijn openbaring verwachten? Laten we met onze moslimvriend deze fouten in het Arabisch bekijken:

a) In soera 3:59 betekenen de woorden *kun faiakun* "wees en hij is" (tegenwoordige tijd), terwijl het in de verleden tijd moest staan: *kun fakeena,* "wees en hij was". Het hele vers staat in de verleden tijd, daarom is *kun faiakun* (in de tegenwoordige tijd) niet correct.

We lezen deze woorden in soera 3:59 waar staat: "Bij God lijkt Isa (Jezus) bijvoorbeeld op Adam, die Hij uit aarde geschapen heeft. Toen sprak Hij tot hem: Wees! en hij was." Zo staat het in de Nederlandse vertaling van de Koran, maar in de oorspronkelijke Arabische tekst staat: "Wees en hij is".

b) In het Arabisch eindigen de werkwoorden en voornaamwoorden in het mannelijk meervoud met de uitgang **-una** en in het vrouwelijk meervoud op **-ina**.

In soera 4:162 vinden we de zinsnede *"zij die het gebed verrichten"*. In het Arabisch staat er: *"al muqimina as-salaut"* in vrouwelijk in plaats van in mannelijk meervoud: *"muqimuna as-salaut"*. We merken op dat de vorm van het werkwoord *verrichten* gelijk dient te zijn aan die van de overeenkomstige werkwoorden *geloven* (in het Arabisch *mu'minuna*) en *betalen* (in het Arabisch *muu'tuna*).

Alle drie de werkwoorden vinden we terug in soera 4:162 waar staat:

"Maar degenen hunner, die een grondige kennis bezitten, en de gelovigen **geloven** in hetgeen u is geopenbaard en hetgeen vòòr u werd nedergezonden; en degenen die het gebed **verrichten** en degenen, die de zakat **betalen** en degenen die in Allah en de laatste Dag geloven, dezen zullen Wij zeker een grote beloning geven".

c) In soera 7:160 wordt de uitdrukking "twaalf stammen" in de vrouwelijke meervoudsvorm geschreven: **uthnata asciaratà asbaatan.** Omdat het hier gaat om een aantal personen groter dan twee zou de mannelijke meervoudsvorm gebruikt moeten worden: **uthnai ashar sibtan.** Soera 7:160 zegt:

"En Wij splitsten hen op in **twaalf stammen**, als gemeenschappen. En Wij openbaarden aan Moesa (Mozes), toen zijn volk hem om water vroeg: 'Sla met je staf op de rots'. Toen ontsprongen daaruit twaalf bronnen, waarvan elke groep mensen wist waar zij moesten drinken. En wij lieten hen door de wolken overschaduwen en wij zonden het manna en de kwartels op hen neer: 'Eet van de goede dingen waarmee Wij in jullie levensonderhoud voorzien'. En zij deden Ons geen onrecht aan, maar zij deden zichzelf onrecht aan."

d) In het Arabisch kent de werkwoordsverbuiging een speciaal meervoud als het onderwerp uit twee personen of zaken bestaat (duaal meervoud). In zo'n geval is het duidelijk dat in de hele zin dit duale meervoud tot aan het eind gehandhaafd moet blijven (dit geldt natuurlijk ook voor het gewone meervoud). In de Koran zijn er echter zinnen waarin het duale meervoud de plaats inneemt van het gewone meervoud. We vinden daar enkele voorbeelden van terug in de soera's 2:192; 13:28; 20:66; 22:19 (C.G.Pfander: *'The Mizanu'l Haqq'*, Light of Live, 1853, pag. 264).

Laten we bij voorbeeld kijken naar soera 22:19:

"Dit zijn **twee tegenpartijen** die met elkaar over hun Heer **twisten**: voor hen die ongelovig zijn worden kleren geknipt uit vuur terwijl over hun hoofden gloeiend water wordt uitgegoten."

In dit Koranvers zit de fout in het Arabisch in het woord *redetwisten,* dat in het normale meervoud staat in plaats van in het duale meervoud.

Hoe moeten we antwoorden als ze zeggen:

"De Koran van vandaag is de versie die aan Mohammed is geopenbaard".

Het verlies en het teloor gaan van de oorspronkelijke tekst

Volgens de islamitische overlevering is het geschiedkundig aangetoond dat Mohammed nooit de eerste versie van de Koran heeft samengesteld, omdat hij vòòr die tijd stierf. Het waren zijn opvolgers, twee kaliefen, die zich aan deze taak begonnen te wijden na zijn dood, namelijk *Abu Bakr* en *Omar*. Die gaven aan de redacteuren *Zayd ibn Thabit, Abu Musa, Ubayy ibn el-Kalb* en *Hisgiaz* de taak om de openbaringen van Mohammed te verzamelen en vast te leggen. Om al de soera's terug te vinden verzamelden deze redacteuren botten van gedode dieren, palmbladeren, huiden, stenen en alles wat was gebruikt om Mohammeds woorden op te schrijven toen hij nog in leven was. Om de Koran samen te stellen raadpleegden zij ook vele andere volgelingen van Mohammed die de uitspraken van de profeet, die zij tijdens zijn leven hadden gehoord, uit hun hoofd hadden geleerd. Toen de eerste Koran was geschreven, vertrouwde kalief Abu Bakr die ter bewaking toe aan Hafsa, dochter van de tweede kalief Omar en één van Mohammeds vrouwen. Het verhaal gaat verder ten tijde van de derde kalief *Uthman*.

We leren uit de islamitische geschiedschrijving dat er in diens tijd in de islamitische gebieden verschillende edities van de Koran in omloop waren. Een niet bekend aantal metgezellen van Mohammed stelden, na de dood van de profeet, hun eigen Koran samen uit wat zij zich herinnerden. Met andere woorden, ondanks het bestaan van de Koran van Zayd die onder het toezicht van Abu Bakr was samengesteld, waren er gelijktijdig andere versies van de Koran in omloop, die eveneens als gezaghebbend werden beschouwd. Intussen werd de Koran van Zayd overgeschreven en in verschillende steden verspreid.

Tegen het jaar 650 n.C., ongeveer 18 jaar na Mohammeds dood, bestond de door Abu Bakr opgestelde Koran samen met andere versies die allemaal als gezaghebbend werden beschouwd, hoewel ze volgens de overlevering van elkaar verschilden. Wat moest er dus worden gedaan? Enkele jaren later stelde kalief Uthman zijn versie van de Koran samen op basis van het werk van Zayd, daarbij gebruik makend van de kopie in het bezit van Hafsa (Hadith Al-Bukhari 6.510).

Vervolgens beval Uthman dat alle andere in omloop zijnde versies van de Koran moesten worden verbrand en gaf hij het manuscript terug aan Hafsa (ontleend aan *"L'Islam: conoscere per dialogare", G. La Torre, Ed. Claudiana, Torino, pagina 23-24).* Waarom deed Uthman dat? Waren al die versies verschillend of tegenstrijdig?

Ook in Hadith Al-Bukhari 6.510 wordt door Anas bin Malik uit zijn *"Biografie van de metgezellen"* gesproken over de vernietiging en de vervanging van de Koran:

> "Uthman zond in elke regio een kopie van de Koran die verder verspreid moest worden, en beval dat al het materiaal van de Koran dat al in omloop was moest worden **verbrand**, zowel de manuscripten als hele verzamelingen".

Vandaag de dag bestaat ook de versie van de Koran volgens Uthman niet meer. Hoe weten we dat?

Het overgrote deel van de moslims zullen u zeggen dat de door Uthman samengestelde Koran niet verloren is gegaan, maar bewaard wordt in een museum in Egypte.

Deze vrienden weten echter niet dat de oudste manuscripten die van de Koran zijn overgebleven (die van Topkapi en Samarkand), waarschijnlijk stammen uit het jaar 790 n.C. en zich respectievelijk bevinden in Istanbul (Turkije) en Tashkent (Oezbekistan). De moslims weten niet dat deze geschriften in redactiestijl van elkaar verschillen en uit verschillende tijdperken stammen. Volgens de geleerden en de gespecialiseerde handschriftdeskundigen zijn ze overgeschreven ongeveer 160 of 180 jaar na de dood van Mohammed en 130 jaar na de verschijning van de Koran van Uthman. Ze zijn geschreven in het Kufi-schrift *(al-Khatt al-Kufi)* van Irak, dat heel anders is dan het Arabische schrift van de versie van Uthman (Jay Smith: *"The Qur'an or the Bible: Which is the Word of God?", 1996).* Wie hebben deze latere perkamenten geschreven? Dat weten we niet!

In de Rotskoepel, die in 691 n.C. te Jeruzalem werd gebouwd door Abd al-Malik, bestond er aan het eind van de zevende eeuw materiaal dat meteen werd herkend als koranisch. Toch waren de aangehaalde Koranverzen uit het heiligdom niet geheel gelijk aan die van de huidige Koran die in de hele wereld in omloop is en dateert uit het eind van de achtste eeuw na Christus.

De oudste Korantekst in Arabisch schrift bevindt zich (ironisch genoeg) in het British Museum te Londen. Volgens de geleerden die geen moslim zijn is die tekst geschreven omstreeks 790 n.C. Ook volgens Martin Lings, ex-conservator van de geschriften van de British Library en praktiserend moslim, dateert deze tekst uit het eind van de achtste eeuw.

Al deze gegevens onderbouwen niet de Koran die we nu hebben. Ze versterken de verdenking dat de door ons gelezen Koran niet gelijk is aan die welke zou zijn samengesteld en gecanoniseerd in 650 n.C. door Uthman, zoals de moslims zeggen. Men kan slechts veronderstellen dat de tekst een ontwikkeling heeft ondergaan.

De meest gezaghebbende onderzoekers zijn er zeker van dat de Koranversie die we nu hebben (van ongeveer 790 n.C. en later) niet degene is die door Uthman is verspreid, zoals de moslims veronderstellen. We hebben slechts Koranhandschriften uit verschillende tijden die worden bewaard in Istanbul, Tashkent en Londen. Dat is niet de bewering van de schrijver, maar het onvermijdelijke resultaat van de historische ontwikkeling van de Koran.

Het kan zijn dat deze bewering te radicaal is voor onze moslimvrienden, maar dat is niet zo. We citeren een ander voorbeeld dat betrekking heeft op de ontwikkeling van de Koran: het verdwijnen van het zogenaamde *"vers van de steniging"*. De doodstraf door steniging werd toegepast aan echtbrekers en overspelers. Ter bevestiging hebben we de geschiedkundige bron van de Hadith die zegt dat het Koranhoofdstuk "De groepen", dat nu slechts 73 verzen heeft, er oorspronkelijk minstens 286 bevatte. Dat wordt vermeld door Ubay ibn Ka'b, een van de meest geliefde metgezellen van Mohammed *("Behind the Veil", pagina 242)*. Dezelfde historische bron verklaart dat, toen de derde kalief Uthman het initiatief nam om zijn versie van de Koran samen te stellen, er enige Koranverzen werden geschrapt. Dat wordt ook bevestigd door Aiscia, één van Mohammeds vrouwen.

Het vers van de steniging werd door Mohammed uitgevaardigd, maar in de huidige Koran ontbreekt het (Alfred Guillaume: *"Islam"*. Penguin Books, Londen, 1973, bladzij 191).

Verschillende hadith bevestigen dit feit (hadith 8.817; 8.804; 8:816).

Bijvoorbeeld Sahih Al-Bukhari Hadith, hadith 8.816, verteld door Ibn Abbas:

"Omar zei: 'Ik vrees dat in de toekomst de mensen zullen zeggen: Het vers van de steniging is er niet meer in de Heilige Koran. Als gevolg zullen ze afdwalen door een voorschrift van Allah te verwaarlozen'. Ik bevestig dat deze straf nog steeds wordt toegepast op ieder die onwettige seksuele omgang heeft als hij al getrouwd is en de misdaad wordt bewezen door getuigen, zwangerschap of bekentenis. Sufyan voegde toe: 'Ik heb deze gebeurtenis uit mijn hoofd geleerd zoals ik het nu vertel'. Toen zei Omar: 'Ongetwijfeld heeft de profeet van Allah deze verplichting ingevoerd en zodoende is het onze plicht dit voorschrift te handhaven'".

Mohammed voerde deze ter dood veroordeling in. Ook nu wordt ze nog uitgevoerd en is ze vermeld in de Islamitische Wet, ook al schrijft de Koran een andere straf voor, namelijk honderd zweepslagen (soera 24:2). Er rijst dus een ander probleem dat om een oplossing vraagt betreffende het weglaten van dit voorschrift over overspelers en echtbrekers: waarom schrijft de Koran als straf honderd zweepslagen voor, terwijl de Islamitische Wet de doodstraf door steniging vereist? Waarom schrijft de Islamitische Wet een straf voor die in de huidige Koran niet wordt overwogen? (Abdur Rahman I Doi: *"Shariah, The Islamic Law"*, Ta Ha Publishers, Londen, pagina 245).

Zo'n probleem rijst als zo'n voorschrift, dat eens in de Koran stond, er vandaag niet meer is. Toont dat niet voldoende aan dat de huidige versie van de Koran niet precies die van vroeger is? Als daarover nog twijfel bestaat, haal ik een ander voorbeeld aan.

Volgens Islamitische bronnen is vastgesteld dat Mohammed, aan het begin van zijn profetische roeping, aan zijn discipelen opdroeg zijn *"geïnspireerde"* soera's op te schrijven op palmbladeren, stenen tafeltjes, aardewerk of botten (Hafez Haidar: *"La letteratura araba"*, Biblioteca Universale Rizzoli, 1995, bladzij 81).

We weten dat reeds ten tijde van de derde kalief Uthman deze oorspronkelijke en rudimentaire relikwieën als geschreven documenten niet meer bestonden, zelfs geen fragment ervan. Uthman moest gebruik maken van andere bronnen, namelijk van het eerste manuscript dat hij kreeg van Hafsa, een van de weduwen van Mohammed. Dat had de voorgaande kalief Abu Bakr laten schrijven door Zayd ibn Thabit. Zoals gezegd maakte Zayd gebruik van Mohammeds discipelen, die de Koran uit hun hoofd leerden zoals ze die van hun profeet hadden gehoord.

Niet alle moslims kennen deze onweerlegbare feiten die aan hun eigen bronnen zijn ontleend, zoals bij voorbeeld dit getuigenis van Anas bin Malik, één van Mohammeds trouwste medewerkers. Hier volgt wat er gebeurde enkele jaren na Mohammeds dood:

> "Uthman zei tot drie Korescitische mannen: 'Voor het geval jullie het niet eens zijn met Zayd bin Thabit over enig punt van de Koran, schrijf het dan in Korescitisch dialect, want de Koran werd in hun taal geopenbaard'. Zij gehoorzaamden en deden aldus, en toen ze veel kopieën hadden geschreven, gaf Uthman de originele manuscripten terug aan Hafsa. **Daarna zond Uthman in iedere streek een afschrift van de Koran die ze hadden overgeschreven, en beval dat al het in omloop zijnde materiaal van de Koran, hetzij manuscripten of hele verzamelingen, moest worden verbrand**" (Sahih Al-Bukhari Hadith: hadith 6.510, verteld door Anas bin Malik).

Vandaag is er zelfs geen spoor meer over van de Koran van Mohammeds weduwe Hafsa. Die werd na de dood van Hafsa vernietigd onder het gouverneurschap van Marwan ibn al-Hakam te Medina *("Textual History of the Qur'an"*, bladzij 4). Bovendien zijn de bestaande perkamenten van de Koran overgeschreven, niet 18 jaar na Mohammeds dood, zoals de moslims geloven, maar minstens 160 of 180 jaar na diens overlijden.

Waar vinden we nog een andere logische ondersteuning van deze bewering? Zoals gezegd, de oudste bestaande documenten zijn in Koefisch schrift *(al-Khatt al-Kufi)* dat in Mohammeds dagen in heel Arabië niet gebruikt werd. Het werd gebruikt in Koefa (Irak) omstreeks 790 n.C., 160 of 180 jaar nadat de Arabieren het hadden veroverd. Met behulp van de taalkundigen weten we dat wij vandaag geen enkel manuscript van de Koran bezitten uit de zevende eeuw, want de oudste handschriften die we hebben zijn niet in Arabisch schrift, maar in gearabiseerd Koefisch. Het is dus onwaarschijnlijk dat de onder leiding van Uthman overgeschreven delen van de Koran heden nog bestaan. Wat ons rest is van 160 of 180 jaar later en van die tussentijd weten we niets over de Koran.

Wat betekent dit?

Het is heel gewaagd de wijdverbreide bewering van de moslims te aanvaarden dat het uit het hoofd leren van de Koran door zijn allereerste volgelingen het bewijs zou zijn van de geloofwaardigheid van het boek. De Koran kan niet bogen op historische betrouwbaarheid, zoals de moslims ons willen doen geloven.

In het licht van de gedocumenteerde bewijzen kunnen de moslims niet meer met zekerheid beweren dat de huidige Koran woord voor woord precies hetgeen is wat Mohammed reciteerde. De Koran die vandaag in omloop is, is niet door Allah geschapen, maar aanvankelijk geschreven door een schriftgeleerde genaamd Zayd ibn Thabit in opdracht van de eerste kalief Abu Bakr, terwijl de derde kalief Uthman er een kopie van maakte naar zijn goeddunken en alle andere van elkaar verschillende Korans liet vernietigen.

De Koran die door Uthman in het midden van de zevende eeuw is vervaardigd, is vervolgens tegen het einde van de achtste eeuw vervangen in Irak door een andere versie in Koefische letters. We zullen nooit weten door wie die is geschreven.

Er zijn veel andere bewijzen die hier wegens plaatsgebrek niet genoemd kunnen worden, maar in het licht van wat we hebben vermeld is de Koran hoogstwaarschijnlijk een geschrift dat in de loop der jaren is aangepast aan bepaalde eisen van de islamitische gemeenschap. Dat betekent dat de huidige Koran is samengesteld door mensen, **nadat** de islam Noord Afrika en een groot deel van Azië al had veroverd en onderworpen aan zijn macht...

Voordat ze de christenen aanklagen de Bijbel te hebben vervalst, zouden de moslims er goed aan doen de Koran aan een onderzoek te onderwerpen. En dat niet alleen! We nodigen ze ook uit om de Bijbel te lezen, het onfeilbare Woord van God.

De Bijbel was al vòòr de Koran in omloop en is daarom niet door de Koran beïnvloed. De Koran kwam pas later en op een moment waarop Mohammed veel gelegenheid had om Bijbelse geschiedenissen te horen van de Joden en christenen die hij in Arabië ontmoette.

Soera's die zijn verloren geraakt en toegevoegd

Laten we ons soera 10:64 herinneren:

> "Gods woorden zijn niet te veranderen. Dat is de geweldige triomf."

- Aiscia, één van Mohammeds vrouwen, vermeldt dat enkele Koranverzen werden opgegeten door een huisdier, terwijl Mohammed op het punt stond om te worden begraven (Ibn Hazm, Sahih Muslim, bladzij 740).
- De woorden van soera 23:14 *"Gezegend zij God, de Beste Schepper"* werden toegevoegd door Mohammed; in werkelijkheid was het een uitroep van zijn schriftgeleerde Abd Allah ibn Abu Sarh (volgens het commentaar op de Koran van Al Baidawi en Zamakshari).
- in soera 4:95 zijn de woorden *"afgezien van hen die gebreken hebben"* toegevoegd nadat een blinde heftig tegen Mohammed protesteerde over zijn toestand en deze laatste hem tegemoet kwam (Hadith Al Bukhari 4.85).
- In soera 9 van alle Korans ontbreekt de inleiding waarmee alle andere soera's beginnen: *"In naam van God, de Erbarmer, de Barmhartige"*. Volgens Ibn Mas'ud, een andere zeer getrouwe schriftgeleerde, stond deze inleiding oorspronkelijk wèl boven soera 9 van de Koran, maar die werd door Uthman in beslag genomen en verbrand toen hij zijn eigen versie maakte (*"Behind the Veil"*, bladzij 249).

Personen en ideeën die in die tijd bekend waren en zijn overgenomen door de Koran

Mohammed heeft veel afgodische praktijken van zijn tijd niet afgeschaft, maar integendeel toegestaan en wettig verklaard tezamen met de openbaringen die volgens hem van Allah afkomstig waren. De ideeën en de bepaalde godsdienstige gebruiken, die door de Koran worden voorgeschreven, bestonden in Arabië al ten tijde van Mohammed. Hij vernietigde bijvoorbeeld de Ka'aba niet, de kubusvormige tempel in het centrum van Mekka waaruit hij de 360 afgoden had verwijderd die daar stonden, hij schafte de omloop niet af rondom de Ka'aba tegen de wijzers van de klok in, en evenmin het kussen van de Zwarte Steen die ingemetseld is in een muur van de Ka'aba. Hij vermeldde de bestaande overleveringen over Jezus, Maria, Abraham en het paradijs, zo ook de balans van het goede en het kwade, en andere ideeën. Veel noties uit de Koran waren mondeling aan allen bekend; enkele ervan kwamen uit de Talmoed (een verzameling van Joodse overleveringen), andere uit het Nieuwe Testament, weer andere uit verschillende apocriefe Evangeliën of uit Oosterse legenden.

De Koran: Papyri in Koefische letters

Een bladzij van de Koran van 790 n.C. in het Koefische schrift (uit Koefa, Irak) dat **niet gebruikt werd** in Arabië ten tijde van Mohammed en van Uthman.

Een fragment van de Koran in Koefisch schrift (uit de Apostolische Bibliotheek van het Vaticaan in Rome)

Een brief in Arabische letters

Een deel van de brief die door Mohammed is verstuurd aan niet-islamitische heersers, voorzien van zijn merkteken. Het is *belangrijk* het duidelijke verschil te zien tussen het Koefische schrift hierboven en het Arabische schrift hieronder dat door Mohammed werd gebruikt.

Conclusies uit het onderzoek

Zoals we hebben gezien verbergt de Koran veel geheimen over zijn moeizame totstandkoming. De moslims die onderzoek willen doen naar die verborgen waarheid, verdienen onze medewerking!

Het kan hun bijvoorbeeld zeker tot hulp zijn in de Koran te lezen dat God de stenen tafels met Zijn eigen vinger beschreef (soera 7:145, 154), en daarna dezelfde geschiedenis te raadplegen in de Bijbel (Exodus 32:16; 31:18). U kunt daarbij opmerken dat Mozes heel goed kon lezen en schrijven. Kennelijk had God er een reden voor om Zélf de woorden in de stenen tafels te griffen... De woorden op de stenen tafels zijn werkelijk uit de hemel neergedaald (in het Arabisch *nazil*) zonder enige menselijke tussenkomst. Het is niet toevallig dat eeuwen later het Woord van God vlees zou worden zonder menselijke tussenkomst, in de persoon van onze Here Jezus die een zondeloos leven heeft geleid.

Gedurende Zijn leven op aarde had Jezus een ervaring die ook Mozes had gekregen: Mozes en zijn volk hoorden Gods stem uit de hemel klinken, waardoor hij in bijzijn van allen als profeet werd bevestigd. Ook Jezus hoorde in bijzijn van Zijn volk Gods stem uit de hemel die van Hem getuigde:

"Gij zijt Mijn Zoon, de geliefde; in U heb Ik Mijn welbehagen" (Marcus 1:11; 9:7).

Overwegingen voor onze moslimvrienden

- *Was het soms noodzakelijk dat Gods Woord, geopenbaard in de Tien Geboden, letterlijk uit de hemel moest neerdalen, zoals ook met Jezus is gebeurd, en volkomen zuiver van elke menselijke tussenkomst moest worden bewaard?*
- *Heeft de Koran in het licht van wat we hebben gezien dezelfde uitzonderlijke ontstaansgeschiedenis?*

Naar aanleiding van de gevonden tegenstrijdigheden:

- *Als de Koran, zoals sommigen geloven, het woord van Allah is, waarom heeft Allah dan zo'n tegenstrijdig boek gestuurd aan mensen die in godsdienstig opzicht al zo verward waren?* Hoe is het dan mogelijk Allah's weg in de Koran te volgen, als we zulke opmerkelijke tegenstrijdigheden lezen die blijkbaar onder Allah's inspiratie zijn neergedaald? Laten we onze vrienden beleefd vragen of ze werkelijk kunnen geloven dat dit boek door de aartsengel Gabriël aan Mohammed is gegeven.

- *Kan de Koran in harmonie zijn met de Bijbel, ondanks de ernstige tegenstrijdigheden die, zoals we hebben gezien, het boek kenmerken?* De Bijbel geeft ons heel duidelijk de definitie van een ware profetie: als hetgeen de profeet zegt uitkomt, is hij een echte profeet, maar als wat hij zegt niet uitkomt, is hij een valse profeet en niet door God gezonden. **De slotsom moet zijn dat de Koran niet van God afkomstig is, maar al vanaf het begin door mensen is geschreven.**

Traditiegetrouw zijn de moslims niet in staat zulk soort nasporingen te verrichten met dezelfde onbevangenheid waarmee wij Westerlingen gewend zijn godsdienstige denkbeelden te toetsen. Daarom moeten we gevoelig en erg voorzichtig zijn, anders zullen ze niet meer naar ons willen luisteren.

Als u zich na het lezen van deze handleiding nog onzeker voelt omtrent het getuigen tot uw moslimvrienden, word dan niet moedeloos, want het is begrijpelijk. Zoals bij alles wat geleerd moet worden, komt die zekerheid in het algemeen niet tot stand door enkel een handleiding te lezen, maar door oefening. We weten allemaal dat de praktijk de beste leermeester is. De Heilige Geest zal u te binnen brengen wat u met belangstelling in dit boek hebt gelezen.

Hoe dit schema te gebruiken met uw moslimvriend.

Begin met een leeg vel papier en teken stap voor stap de figuur terwijl u uitleg geeft.

1. Begin te spreken over hoe God is (heilig, volmaakt, rechtvaardig, enz.).
2. En dan hoe de mens is (innerlijk slecht, onvolmaakt, zondig, enz.).
3. Dat is het probleem: de zonde richt een barrière op tussen God en de mens.
4. De mens wil zich tegenover God rechtvaardigen met goede werken en op die manier de barrière verwijderen (maak dat duidelijk met pijlen die de hemel en dus ook Allah niet bereiken).

5. Vraag aan uw vriend of hij de geschiedenis van Abraham (of *Ibrahim*) kent. Aan hem werd gevraagd zijn eigen zoon te offeren. Als de vriend zegt dat die zoon Ismaël heette en niet Izaäk, ga daar dan niet over redetwisten. Ga gewoon door met het verklaren van Gods reddingsplan. Teken nu het altaar en het lam.
6. Haal nu de woorden van Johannes de Doper aan (de moslims kennen hem onder de naam *Yahia*): *"Zie het Lam Gods, dat de zonde der wereld wegneemt"* (Johannes 1:29), en verbind deze woorden met het offer van Abraham.

Maak nu pas de tekening af en teken het kruis. Leg uit dat Jezus het volmaakte offer is, dat Hij in onze plaats aan het kruis gestorven is en dat we door Hem de eeuwige redding verkrijgen (Johannes 5:24).

Eerste aanhangsel

Enkele aanbevelingen voor evangelisatie onder moslims

Wat u kunt doen – of liever gezegd moet doen!

- Bereid u voor in gebed.
- Neem zo mogelijk hun vooroordelen weg op deze manier:
  1. Leg er de nadruk op dat we geen beelden vereren en ook Maria niet. Bevestig dat God geen zonen kan hebben zoals mensen die hebben, namelijk door geslachtsgemeenschap. Zie Mattheüs 1:18; Lucas 1:34-35.
  2. Zeg dat wij **de Middeleeuwse Kruistochten betreuren**, want het Evangelie veroordeelt elke vorm van geweld. We moeten de Kruistochten beoordelen in het licht van het Evangelie en ze niet goedkeuren omdat zogenaamde christenen ze hebben gedaan. (Laten we eraan denken dat het onderscheid tussen echte en onechte christenen voor ons duidelijk is, maar voor hèn niet.)
- Het is nuttig onze moslimvriend te groeten met *asslema* (de Arabische groet van Noord Afrika), hem tijdens het gesprek af en toe vriendschappelijk op de schouder te kloppen, hem in de ogen te kijken, hem te vragen hoe het gaat met zijn gezin en familie (maar hem geen directe vragen te stellen over familieleden van een andere sekse dan de uwe). Gedraag u vriendelijk en respectvol. Als resultaat zullen uw moslimvrienden nieuwsgierig worden naar uw andere levensstijl en graag naar uw getuigenis luisteren.
- Ons geloof met hen te delen heeft tot doel hen broeders in Christus te zien worden.
- Liefde beledigt en veracht niet. Gebruik de Bijbel niet om hen om de oren te slaan.
- Het is minder erg een tweegesprek te verliezen dan een vriend.
- Het onderspit te delven in een discussie met uw moslimvriend zal u helpen om u beter voor te bereiden op een volgende ontmoeting.

- Als ambassadeurs van Liefde zijn we geroepen om de verzoening met God in Christus aan te reiken.
- We zijn verplicht de Bijbel te bestuderen, vooral over de onderwerpen die onze vrienden te berde brengen.
- Het is nodig een blik te werpen in de Koran als we echt de banden willen begrijpen waarmee de vijand hen gevangen houdt.
- We moeten goed de onderwerpen kennen die we willen uitleggen om antwoord te geven op hun oprechte vragen. Voorbeeld: het offer van Abraham.
- Heb bewogenheid voor zielen, zodat de deuren zich openen tot een goed gesprek.
- Pas ervoor op om u niet te laten afleiden van het onderwerp dat u wilt uitleggen. Moedig uw vriend aan eerst het onderwerp uit te praten dat aan de orde is. Als de uitleg is afgelopen, zeg dan dat u klaar bent en vraag of hij tevreden is met uw antwoord.
- Schep situaties waarin hij beseft dat hij geen gemeenschap heeft met God. Leg de eeuwige gevolgen uit die hij zal ondergaan als hij het Evangelie afwijst. Leg nadruk op de noodzaak dat zijn relatie met God hersteld wordt door Jezus Christus. Wek in hem een vurig verlangen op naar de enige en werkelijke hoop.
- Help hem het Evangelie te begrijpen door middel van voorbeelden. Bedenk dat de evangelieverkondiging aan een moslim makkelijker is dan u denkt als u het model volgt dat onze goddelijke Meester gebruikte onder zijn tijdgenoten, want zij hadden een mentaliteit die erg lijkt op die van sommige moslims van vandaag. Bedenk dat de Bijbel is ontstaan in het Midden Oosten waardoor hij òòk moslims aanspreekt. De voorbeelden en de verhalen van Jezus worden door moslims erg gewaardeerd.

Wat u beter niet kunt doen...

- Als u de Bijbel gebruikt tijdens uw gesprek met uw moslimvriend, leg die dan niet op de grond. Gebruik ook geen Bijbel met kreukels of onderstrepingen.

- Als u wilt doorgaan uw geloof met hem te delen, pas er dan voor op **om niet Mohammed en de Koran te beledigen of te denigreren.** Bedenk dat moslims verblind en misleid zijn door satan die hen gevangen houdt.
- Vermijd moeilijke Bijbelse taal. Bedenk dat hun kennis van het Nederlands beperkt is – trouwens, ook onder Nederlanders kan het soms gebeuren dat ze ons niet begrijpen als we de Bijbel uitleggen. Paulus leert ons om rekening te houden met onze toehoorders. Door eenvoudig te spreken helpt u moslims het best om u te begrijpen.
- Gebruik in het begin geen termen als "Drie-eenheid" of zinsneden als "God de Vader" of "hemelse Vader". Hebt u ooit het woord "Drie-eenheid" gevonden in de Bijbel? Door daarop te hameren verliest u alleen maar tijd met hen.
- Gebruik in het begin niet de term "Zoon van God" als u niet weet hoe die op de juiste manier te gebruiken of aan uw moslimvriend uit te leggen. Zij denken namelijk dat wij de uitdrukking "Zoon van God" in biologische zin opvatten. Het is genoeg om Jezus **"Gods Woord"** en **"Gods Geest"** te noemen. Dat staat ook in de Koran, zoals we reeds in het eerste hoofdstuk hebben uitgelegd.
- Praat over het Evangelie niet met iemand van de andere sekse.
- Praat niet met moslims over God als u slordig of onbehoorlijk gekleed bent.
- Bied hun geen voedsel of dranken aan die ze niet mogen gebruiken, zoals varkensvlees en alcohol.

Hoe de Koran te raadplegen

Bij het lezen van deze handleiding kunt u niet vermijden de aangehaalde hoofdstukken en verzen van de Koran te raadplegen. De hoofdstukken worden *soera's* genoemd en de verzen *aya*. De soera's staan in de Koran niet in de volgorde waarin Mohammed ze heeft ontvangen, maar min of meer in volgorde van lengte: de langste voorin, de kortste achterin.

De Koran heeft 114 hoofdstukken. Net als in de Bijbel heeft ieder hoofdstuk van de Koran een nummer en een titel. Bijvoorbeeld: "Soera 3:15" betekent het vijftiende vers van de derde soera (het derde hoofdstuk).

Tweede aanhangsel

De islam in het kort

Op deze bladzijden worden in het kort het geloof en de overtuigingen van de moslims samengevat. Als zodanig vormt dit deel een aanvulling op wat in deze gehele studie is behandeld.

Wat geloven de moslims?

De godsdienstige fundamenten van de islam zijn de Thora, de Psalmen, het Evangelie en de Koran. Zij geloven dat God één is; verder geloven zij in engelen, in boze geesten, in de profeten, in de Laatste Dag (soera 4:135-136) en in het fatalisme.

Geloven ze dat God liefde is en een Vader?

In de islamitische leer wordt God gezien als een "Heerser" en de gelovigen als zijn slaven. Volgens de mentaliteit van de moslims verheerlijkt dit idee de grootheid van God en de nederigheid en vrome gehoorzaamheid van de schepselen aan hun Schepper. In dit opzicht kennen de moslims aan het "slaven zijn van God" een positie toe van verheven nederigheid en grote eer. God kan geen Vader zijn, want dat zou Zijn heerlijkheid en grootheid kleineren. Vele moslims vinden dat zij, die zich "kinderen van God" noemen, zichzelf op trotse wijze in de hoogte steken (soera 5:18).

De Koran kent aan Allah de titel *"al Vaduz"* (de Liefdevolle) toe, maar dat betekent dat Allah liefdevol is jegens hen die goede werken doen, maar niet jegens zondaars (soera 3:29-32, 70-76).

De Koran vermeldt dat Gods goedheid te zien is in Zijn schepping, maar de Koran zegt nergens: *"God is liefde"* (I Johannes 3:16).

Wat betekent de *Koran*?

De moslims geloven dat in de Koran de woorden van Allah staan die bij monde van de profeet Mohammed zijn uitgesproken. Voor hen zijn het beslist geen woorden die zijn voortgekomen uit de gedachten en ervaringen van Mohammed zelf. Zij geloven dat de "Moeder van de Koran" zich in de hemel bevindt, dat God haar heeft geschreven op "bewaard gebleven tafelen" en dat de engel Gabriël ze heeft overgebracht aan Mohammed. Zodoende is de Koran, die we heden op aarde kunnen lezen, de kopie van de "bewaard gebleven tafelen" in de hemel.

Andere moslimgeleerden denken dat er in de hemel geen enkele Koran bestaat en ook geen "bewaard gebleven tafelen", maar dat de woorden in hun boek Gods spreuken zijn die door middel van de engel Gabriël aan Mohammed zijn geopenbaard.

Wat is zonde volgens de islamitische leer?

De zonde is een vloek tegen God; zonden zijn afzonderlijke daden tegen de wet of iets dat verboden is om te doen. Zulk soort daden zullen gestraft worden door God.

De Bijbel ontkent niet dat zonden gestraft worden, maar zegt bovendien dat de mens in een onomkeerbare staat van zonde verkeert, waarin hij geheel en al is ondergedompeld en waarvoor hijzelf geen enkele uitweg heeft. Daarom is de zonde een daad die voor altijd de relatie tussen God en mens verscheurt. De moslims geloven daarentegen dat de grote Schepper niet zo erg gewond raakt door de zondige daden van Zijn schepselen.

Dikwijls begrijpen christenen en moslims elkaar niet in hun gesprekken, omdat ze een verschillende theologische betekenis toekennen aan het woord "zonde".

Ernstige en minder ernstige zonden in de islam

De islamitische traditie maakt onderscheid tussen "lichte" en "ernstige" zonden.

De onvergeeflijke zonde is de *"shirk"* (soera 4:48, 116). Dat houdt in dat hij die gelooft en zegt dat Jezus God is, een zonde heeft begaan waarvoor hij voor eeuwig tot de hel is bestemd. De islamitische geloofsbelijdenis *(Shahada)* zegt: *"Er is geen God behalve Allah"*.

Onder de ernstige zonden die vergeven kunnen worden bevinden zich: een moslim doden; de ouders mishandelen; uit het slagveld weglopen; overspel en afval.

Wat is Gods vergeving in de islam?

Evenals de zonde, heeft ook Gods vergeving een verschillende theologische betekenis.

Voor de christen betekent vergeving dat God de scheidsmuur verwijdert die ons van Hem scheidt, door de verlossing die we in Jezus Christus hebben: Hij verzoent ons, geeft ons vrede in onze ziel en neemt ons op in Zijn gezin.

Volgens de moslims beslist God op de Laatste Dag willekeurig wie Hij wil vergeven en wie niet, net zoals een groot koning kan doen wat hem goeddunkt en behaagt, zonder dat iemand hem rekenschap kan vragen van het onrecht dat hij doet (soera 3:124-129; 5:118). Met andere woorden, ook al moeten onze zielen zich verantwoorden op de Laatste Dag, toch kunnen onze goede werken Gods beslissing en overmacht niet veranderen. Daarom weet de moslim niet of hij gered of vergeven zal worden. Dat weet hij pas op de Laatste Dag.

Sommige moslims geloven dat ze naar het paradijs zullen gaan om hun eigen gerechtigheid, omdat God "een oogje dicht zal doen" over hun kleine zonden. Ook moslims die berouw hebben kunnen in het paradijs komen. Maar ze kunnen niet weten, zeggen ze, hoe het af zal lopen met een opstandige moslim die tijdens zijn leven ongeremd heeft gezondigd. Alleen niet-moslims gaan in ieder geval naar het onuitblusbare vuur, tenzij ze zich bekeren tot de islam.

De moslims kennen aan Mohammed profetieën en wonderen toe

Om te bewijzen dat Mohammed een echte profeet was, beweren sommige moslims dat in de Koran wetenschappelijke ontdekkingen staan die heden ten dage worden bevestigd. Hun argumenten op dit gebied rusten op verschillende speculaties en dienen om dié christenen te overbluffen die de Bijbel niet kennen en hen, die niet voldoende wetenschappelijk onderwijs hebben genoten om in staat te zijn hun beweringen te weerleggen. Om het boek niet te lang te maken ga ik niet verder op dit onderwerp in.

Het is voldoende onze vrienden te antwoorden dat de Bijbel ons waarschuwt dat ook valse profeten kunnen profeteren en wonderen doen. Lees met hen Deuteronomium 13:1-5:

"Wanneer onder u een profeet optreedt of iemand, die dromen heeft, en hij u een teken of een wonder aankondigt, en het teken of het wonder komt, waarover hij u gesproken heeft met de woorden: laten wij andere goden achterna lopen, die gij niet gekend hebt, en laten wij hen dienen – dan zult gij naar de woorden van die profeet of van die dromer **niet luisteren**; want de HERE, uw God, stelt u op de proef om te weten, of gij de HERE, uw God, liefhebt met uw ganse hart en met uw ganse ziel. De HERE, uw God, zult gij volgen, Hem vrezen, Zijn geboden houden en naar Zijn stem luisteren: Hem zult gij dienen en aanhangen. Die profeet of dromer zal ter dood gebracht worden, omdat hij afval gepredikt heeft van de HERE, uw God, die u uit het land Egypte geleid en uit het diensthuis verlost heeft – om u af te trekken van de weg, die de HERE, uw God, u geboden heeft te gaan. Zo zult gij het kwaad uit uw midden wegdoen."

Derde aanhangsel

Verdere verklaringen

Aanbidden christenen en moslims dezelfde God?

Sommige moslims zullen u eenvoudigweg zeggen dat wij christenen en zij dezelfde God aanbidden. Ook Mohammed zei meermalen dat hij dezelfde God verkondigde van Abraham, Mozes en Jezus.

Voor ons christenen is de vraag echter veel ingewikkelder. Het Nieuwe Testament getuigt dat Gods openbaring in Zijn Zoon Jezus Christus absoluut de enige en uiteindelijke is. Jezus verklaart: *"Ik ben de Weg, de Waarheid en het Leven: niemand komt tot de Vader dan door Mij."* Ook de apostelen verklaarden dat *"... er ook onder de hemel geen andere naam aan de mensen is gegeven, waardoor wij moeten behouden worden"* (Handelingen 4:12).

In heel veel soera's bevestigt de Koran dat Allah de Schepper is. Het knelpunt zit in **het verschil in karakter en bedoelingen** tussen de God die in de Bijbel wordt geopenbaard en de Allah van de Koran.

In de Koran is deze enige God geen liefde en offert Hij ook Zijn eigen leven niet op om de zondaars te redden. Zeker, er is slechts één God en Schepper, maar het belangrijkste is niet alleen het op dit punt met elkaar eens te zijn, **maar ook Hem persoonlijk te kennen en met Hem de relatie van zonen te hebben.** Het is met dit doel dat God ons heeft gered door Zijn Zoon Jezus, door het kruis van Golgotha, en ons verlost heeft door Zijn kostbaar bloed.

Onze moslimvrienden hebben het nodig te weten dat wij geen god verkondigen die hun vreemd is, maar de Schepper die, als onkenbare, Zich heeft geopenbaard in de persoon van Jezus, de Logos in vlees en beenderen.

Het is noodzakelijk te weten dat de Arabische Bijbel de term Allah gebruikt als zij over God spreekt; er is trouwens geen ander Arabisch woord voor God. Daarom moeten wij de moslims kennis laten maken met het ware karakter en de echte eigenschappen van Allah zoals ze in de Bijbel worden geopenbaard. Het is verloren tijd met hen te discussiëren over de vraag of de juiste naam "God" of "Allah" is.

"Wat denkt u van Mohammed?"

U kunt er zeker van zijn dat deze vraag aan u wordt gesteld, want dat gebeurt heel vaak. Gewoonlijk herhalen de moslims dat ze in alle profeten geloven, ook in Jezus, terwijl wij christenen weigeren te geloven dat Mohammed een profeet van God is. Het is moeilijk deze vraag te beantwoorden zonder ze te beledigen en ze tegelijkertijd met nederigheid te onderwijzen.

Aanvankelijk zal een bot antwoord als *"Nee"* of *"Voor mij is Mohammed geen echte, maar een valse profeet"* hen niet helpen om nog naar ons te luisteren, en ons niet helpen ons getuigenis naar voren te brengen. Persoonlijk antwoord ik, althans aanvankelijk, dat de mens niet alleen profeten nodig heeft, maar vooral een Redder. Ik geef hun dan een voorbeeld dat misschien niet zo geschikt is voor onze eigen cultuur, maar voor onze moslimvrienden is het duidelijk en begrijpelijk.

Auto in brand (in vier punten)

1. Inleiding
*Er zijn veel profeten gekomen, maar slechts **één** Redder. (Op dit moment zeg ik nog niet dat Jezus die Redder is.) De bijbelse profeten zijn allen gekomen met een bepaalde opdracht van God, maar één van hen is van God gekomen, niet alleen om ons de Weg naar de hemel te wijzen, zoals zoveel andere profeten vòòr Hem, maar om ons samen met Hem in de hemel te brengen.*

2. Het verhaal
Ik vertel jullie een verhaal als voorbeeld.

Stel dat er iemand in een brandende auto zit. Zijn vrienden praten er met elkaar over, hoe ze hem uit de auto kunnen trekken om hem te redden. Terwijl ze met elkaar discussiëren over de manier om hem te redden, grijpt het vuur zich steeds verder om de arme inzittende heen. Bij de groep vrienden voegt zich een andere vriend, die zonder aarzelen het portier opent, zich in de vlammenzee werpt en, zich brandend, erin slaagt het slachtoffer uit de vlammen te rukken en te **redden***. Nu vraag ik jullie: WIE heeft hem* **gered***? Zijn vrienden die het ondanks hun goede wil niet hebben gedaan, of die ander die zich in het vuur heeft geworpen?*

Het kan zijn dat ze mij antwoorden dat God hem heeft gered. Om ze te helpen vraag ik dan: *"Maar wie heeft God dan gebruikt om de brandende man te* **redden***?"* Dan zullen mijn vrienden zeker antwoorden dat het degene is geweest, die zich zonder aarzelen in de brandende auto heeft geworpen.

3. De gevolgtrekking

Ik ben tevreden met hun antwoord, omdat het in de juiste richting gaat. Dan sluit ik het voorbeeld vriendelijk af met de boodschap: *Zo is het met alle profeten die gekomen zijn om de mensen* **de weg naar de redding** *te tonen zonder ook maar iemand te hebben kunnen redden. Er is er maar één gekomen die zich echt in het vuur heeft geworpen* **om ons te redden***. Weten jullie wie dat is?* (Nu pas noem ik de naam van Jezus.) *Het is Jezus, de Messias! Er zijn veel profeten gekomen, maar er is maar één Redder, de Messias, de Zoon van God!* **Hij, rein en zonder zonde, is gekomen om ons te reinigen van de zonde!** (Lees aan het eind van hoofdstuk 1 hoe u de term "Messias" kunt uitleggen aan Arabische moslims.)

Als jullie tijdens het oordeel voor God staan, zal Hij jullie niet vragen of jullie verstandelijk in de profeten hebben geloofd. Hij zal jullie in plaats daarvan vragen of jullie hebben geloofd in Zijn vergeving die jullie wordt aangeboden door het offer aan het kruis van de Messias Jezus, die om jullie zonden en voor jullie **redding** *is gekruisigd. Het Evangelie zegt dan ook dat wie* **niet** *dit geloof heeft in de Messias Jezus, geen vergeving zal ontvangen van God en dus ook niet zal worden* **gered***, maar eeuwig naar de hel zal gaan.*

Op dit punt aangeland kunt u, als ze u de tijd ervoor geven, een uitvoeriger uitleg van Gods reddingsplan geven en hen uitnodigen om Jezus te aanvaarden.

4. Jezus is de laatste profeet voor de mensheid
(Mattheüs 24:4, 11, 26)
Na deze teksten te hebben gelezen hebt u duidelijk gezegd dat **Mohammed geen echte profeet is** en ook niet kan redden. Misschien zullen ze u daarover om nadere uitleg vragen. Verzeker hen er dan

van dat u het zegt, niet om hen of Mohammed te discrimineren, maar omdat Jezus, het Woord van God, duidelijk heeft gewaarschuwd om niet te geloven in profeten die nà Hem zouden komen. Zeg erbij dat wij christenen, in gehoorzaamheid aan Jezus, het Woord van God, niet alleen Mohammed als profeet afwijzen, maar ook westerlingen zoals Joseph Smith (1805-1844), stichter van de Mormonen, Charles Taze Russell (1852-1916), stichter van de Jehova's Getuigen, enzovoort.

Na dit verhaal te hebben verteld hebt u niet direct, maar wel impliciet gezegd wat u van Mohammed vindt. U hebt tijd gewonnen en hun aandacht getrokken met dìt resultaat:

- Ze zijn bereid geweest om naar uw boodschap te luisteren.
- U hebt uw vrienden de vrijheid gegeven om persoonlijk na te gaan of het volgen van Mohammed hen **redt** van Gods toorn, of dat ze veeleer moeten kiezen om Jezus te volgen.
- U hebt duidelijk gemaakt dat Mohammed hen niet kan redden.
- Doordat ze luisterden hebt u niet de mogelijkheid verspeeld om van Jezus te getuigen, die voor hun zonden is gekruisigd en gestorven.

U hebt dus de deur open gehouden voor toekomstige gelegenheden om te getuigen. Op dit punt aangeland kunnen dikwijls andere interessante onderwerpen ter sprake komen, zoals het feit dat Mohammed niet is voorzegd in de Bijbel, de kruisiging, de godheid van Jezus, de Zoon van God, enzovoort.

"Alle heilige Schriften moeten in het Arabisch zijn" (soera 42:7; 43:3; 46:12)

Als u met een moslim spreekt en verzen uit de Koran aanhaalt, zou hij u kunnen zeggen dat de Koran niet vertaald kan worden, omdat geen enkele vertaling de betekenis zuiver weergeeft. Wat u dus van de Koran denkt te begrijpen is volgens hem fout. Door zoiets te zeggen verbergt hij echter zijn onvermogen om de discussie aan te gaan.

God spreekt niet enkel Arabisch! Herinner hem met de vraagmethode eraan dat God de tien geboden in het Hebreeuws heeft gegeven. Vraag hem of God tot Mozes in het Arabisch heeft gesproken... Vraag hem wat de Schriften in het Hebreeuws en in het Grieks te betekenen hebben, die zich heden ten dage in de musea bevinden.

"Jezus is net als Adam"
Een oprechte moslimvriend zou te berde kunnen brengen dat Adam weliswaar uit de aarde geboren is, maar dat Allah zijn geest in hem heeft geblazen om hem tot leven te wekken. Waar is dan het verschil met Jezus, die toch òòk dezelfde geest ontvangen heeft?

Leg hem dan uit dat Adam de levensgeest heeft ontvangen om net zo te leven als wij, die ook de levensgeest hebben ontvangen. Maar de Geest die Jezus heeft ontvangen, is de Geest afkomstig van Allah persoonlijk. Het is de Geest van Allah Zelf. Dat verklaart waarom Jezus nooit heeft gezondigd: God kan niet zondigen. Als de vriend dan moeite heeft met wat u zegt, toon hem dan vóórdat u het Evangelie opent soera 4:171, die bevestigt dat Jezus door de Heilige Geest is geboren. Doe dan de Koran dicht en gebruik daarna enkel de Bijbel.

Help hem met een vraag als deze: "Waarom was het dan nodig dat de engel Gabriël zei dat Jezus uit Gods Geest zou worden geboren, als alle menselijke wezens en ook de dieren van God de levensgeest ontvangen? Duidt de engel dan niet op iets dat majestueus anders is? Spreekt hij dan niet over de Geest van Allah Zelf?" Soera 19:19 zegt dan ook: "opdat ik u een Reine Zoon moge schenken."

Zijn alle Arabieren afstammelingen van Ismaël?
De moslims zullen u dikwijls zeggen dat alle Arabieren afstammelingen van Ismaël zijn. Daar zijn ze oprecht van overtuigd. Ze zeggen dit òòk om een grotere betrouwbaarheid en heiligheid aan hun godsdienst toe te kennen. Want de uit Abraham geboren Ismaël zou de eeuwige beloften hebben overgenomen die aan Izaäk waren toegezegd. Wat is daarvan het directe gevolg? Dat op die manier niet meer de Bijbel het instrument van zegen zou zijn voor de gehele mensheid, maar de Koran, omdat die van een nakomeling van Ismaël afkomstig is, namelijk van de Arabier Mohammed.

De Bijbel toont daarentegen aan dat de Arabieren van Joktan afstammen en dat ze al in de tijd van Abraham bestonden (Genesis 10:26). (Vergelijk New Bible Dictionary, Marshall, Millard, Packer en Wiseman, Intervarsity Press, zie onder "Arabia" en "Joktan".)

Hoe is het paradijs dat de Koran aan de moslims voorstelt?
Omdat het belangrijk is te weten waar we de eeuwigheid zullen doorbrengen, is het nuttig het idee uit te leggen dat de moslims heb-

ben van het paradijs. Dat is volgens hen een plaats waar de gelovigen vooral vleselijke genoegens zullen genieten.

De soera's 55:56 en 13:35 beschrijven het paradijs en "openbaren" ons dat mooie jonge maagden als vrouw zullen worden gegeven aan de gelovigen om hun seksuele begeerten te bevredigen. Deze maagden zullen altijd maagden blijven, ook na elke coïtus.

"Voorwaar, op die Dag zullen de bewoners van de hemel in werk hun geluk vinden. Zij en hun echtgenoten zullen zich in de schaduw op tronen nedervlijen" (soera 36:55,56).

Is dat nu werkelijk de roeping van de gelovigen in het paradijs?

Andere soera's in de Koran hebben dezelfde strekking: stromen van wijn (47:15), meisjes met grote zwarte ogen als beloning (56:22-24) en hoge bedden voor de gelovigen met hun maagden (56:34-38).

Al-Tirmidhi Hadith 3834, verteld door Al-Miqdam ibn Ma'dikarib en vermeld door Tirmidhi en Ibn Majah zegt: "De boodschapper van Allah (vrede zij op hem) zegt: De martelaar zal getrouwd zijn met tweeënzeventig maagdelijke vrouwen met grote donkere ogen: hij zal voorbidder worden voor zeventig van zijn verwanten."

Zijn we er dan nog verbaasd over dat moslims niet aarzelen om als martelaar te sterven?

Het Evangelie heeft een boodschap die juist tegengesteld is aan die van Mohammed, de profeet van de islam:

"Want het Koninkrijk Gods bestaat niet in eten en drinken, maar in rechtvaardigheid, vrede en blijdschap, door de Heilige Geest" (Romeinen 14:17).

"Want hiervan moet gij doordrongen zijn, dat in geen geval een hoereerder, onreine of geldgierige, dat is een afgodendienaar, erfdeel heeft in het Koninkrijk van Christus en God" (Efeziërs 5:5).

Het Evangelie vertelt ons wat Jezus (aan Hem de glorie) zei aan wie hem erover vroegen:

"Jezus antwoordde en zeide tot hen: Gij dwaalt, want gij kent de Schriften niet noch de kracht Gods. **Immers, in de opstanding huwen zij niet en worden zij niet ten huwelijk genomen**, maar zij zijn als engelen in de hemel" (Mattheüs 22:29-30).

"Maar de lafhartigen, de ongelovigen, de verfoeilijken, de moordenaars, de **hoereerders**, de tovenaars, de afgodendienaars en alle leugenaars – hun deel is in de poel, die brandt van vuur en zwavel: dit is de tweede dood" (Openbaring 21:8).

Verklarende woordenlijst

Abu Bakr: Een rijk en geacht koopman van Mekka. Hij was de eerste man die in de profeet Mohammed geloofde en moslim werd. Hij gaf zijn negenjarige dochter Aiscia als bruid aan Mohammed, nadat deze weduwnaar was geworden na de dood van Khadigia.

Abu Talib: Oom van de profeet die hem opvoedde na de dood van zijn moeder.

Aisa: de Arabische naam voor Jezus. Vaak noemen ze hem "Aisa ibn Miriam" dat letterlijk "Jezus zoon van Maria" betekent.

Al-hamdu-li-lah betekent "Glorie zij God".

Allah: de Arabische naam voor God.

Allah akbar: een zin die "Allah is de grootste" betekent.

Aminah: Mohammeds moeder, die stierf toen hij zes jaar was. Daarna werd hij opgevoed door zijn oom Abu Talib.

Assalemu aleikum ua rahmatullah ua barakatuhu is een typische moslimgroet, die betekent: "Moge de vrede, de barmhartigheid en de zegen van God op u zijn".

Aya betekent "koranvers". Bijvoorbeeld *soera nr. ... aya nr. ...* van de Koran.

Bedoeïen: lid van een nomadische stam in de woestijn, doorgaans veehoeder.

Bismillah betekent: "In de naam van God".

De vijf zuilen: de belangrijkste godsdienstige plichten van de moslims: het vasten (ramadan), de pelgrimstocht (hajj), de vijf dagelijkse gebeden (salat), de geloofsbelijdenis (shahadah) en de aalmoezen (zakat).

Djinn: goede en kwade geesten, uitgezonden door satan.

Fatima: Mohammeds dochter, later vrouw van de vierde kalief Alì.

Gialut: de Arabische naam voor Goliath.

Hajj: pelgrimsreis naar Mekka (Saoedi Arabië) voor vrome moslims.

Hal-el-chitab: "de mensen van het Boek", een term waarmee moslims de Joden en de christenen aanduiden.

Hauris: maagden in het paradijs, voorbestemd als beloning voor goede moslims.

Hediia-lic betekent "een geschenk voor u". Dat kunnen we bijvoorbeeld zeggen als we een traktaat of literatuur aan moslims uitdelen.

Iblis: de duivel.

Idris: Arabische naam voor Henoch.

Imam: Theoloog van de moslims die het gebed leidt of het gezag van de moskee belichaamt. Deskundige van de Koran.

Injil: Het Evangelie van het Nieuwe Testament dat aan Jezus (Aisa) werd gegeven.

In-scia-Allah betekent: "Als God het wil".

Isa: evenals Aisa de Arabische naam voor Jezus.

Islam: godsdienst gesticht door Mohammed. Het woord betekent letterlijk "Onderwerping", namelijk aan de wil van Allah.

Ismaël: de zoon die Abraham kreeg van zijn slavin Hagar. De moslims geloven dat Ismaël en zijn moeder naar het dal van Mekka zijn vertrokken, waar Abraham zich bij hen voegde om de Kaäba te herstellen, die oorspronkelijk door Adam was gebouwd.

Jihad: met ijver zich inspannen om de islam met alle middelen te verbreiden: met de pen, door prediking of met het zwaard; vandaar dat de term ook "heilige oorlog" betekent.

Kaäba: een klein kubusvormig bouwsel binnen in de grote moskee van Mekka. Zij bevat de Zwarte Steen (een meteoriet) die door de engel Gabriël aan Adam werd gegeven en die vervolgens werd teruggevonden door Abraham.

Kalief: Titel van de geestelijke en politieke leidslieden die Mohammed na zijn dood hebben opgevolgd.

Khadigia: De eerste vrouw van Mohammed. Zij was de eerste vrouw die geloofde in de opdracht van haar echtgenoot om profeet te zijn.

Koran: de Koran is voor de moslims Allah's laatste openbaring aan de mensen. Hij werd gedurende 23 jaar door de engel Gabriël aan Mohammed gegeven (tot aan zijn dood).

Koreisciti: een befaamde volksstam van Mekka, waartoe Mohammed behoorde.

Le bes? betekent: "Alles goed?" Het antwoord is: **Behi!** (Prima!). Noordafrikaanse groet.

Le ilè illalà ue Muhammed rasul Allah: de geloofsbelijdenis (shahada) van de moslim: "Er is geen god behalve Allah en Mohammed is zijn profeet".

Marjam: de Arabische naam voor Maria, de moeder van Jezus.

Mekka: Geboortestad van Mohammed in Saoedi Arabië. De heiligste stad voor de moslims, die tenminste één keer in het leven moet worden bezocht als godsdienstige plicht.

Medina: een stad die eens Yatrib heette, maar vervolgens door Mohammed "Medina" werd genoemd, hetgeen letterlijk "stad" betekent. Het is één van de heilige steden van de islam.

Minaret: Toren waar vanaf de moslims tot het gebed worden opgeroepen.

Muhammed rasul Allah: tweede deel van de geloofsbelijdenis (shahada) van de moslim: "Mohammed is de profeet van Allah".

Omar: volgens de soennieten de tweede kalief en raadgever van de eerste kalief Abu Bakr.

Qibla: betekent letterlijk "richting", dat is de richting waarin een moslim moet bidden, namelijk in de richting van de Kaäba in Mekka.

Ramadan: Volgens de overlevering de maand waarin Gabriël voor de eerste keer de Koran openbaarde. Sindsdien is de maand aan het vasten gewijd. Het vasten van de moslims is geen afzien van voedsel, maar een verandering van etenstijden. Tijdens ramadan eet men als feest meer dan gewoonlijk tussen de avond en de ochtend, maar overdag eet men niets.

Saidna Aisa betekent "Onze Here Jezus". Dat wordt gezegd uit respect, maar niet om goddelijkheid toe te kennen. De moslims gebruiken de term "saidna" ook bij het noemen van profeten: "saidna Ibrahim" (Abraham), "saidna Musa" (Mozes), enzovoort.

Sjeik: Stamhoofd, geëerde oude man of geleerd persoon.

Sjiieten: in orde van grootte, na de Soennieten de tweede sekte van de islam, die de eerste drie kaliefen verwerpt en alleen Alì, Mohammeds schoonzoon, als zijn enige en wettige opvolger beschouwt. Alle afstammelingen van Alì tot op heden zouden de ware opvolgers van Mohammed zijn.

Soennieten: de talrijkste groep moslims die de eerste vier kaliefen als de wettige opvolgers van Mohammed beschouwt.

Soera: hoofdstuk van de Koran.

Uthman: derde kalief, die een kopie van de Koran liet samenstellen.

Talut: de Arabische naam voor Saul.

Tasbih: een soort rozenkrans die de moslims gebruiken om te bidden.

Taurat: de Pentateuch van Mozes (Thora), die ook voor moslims het Woord van God is.

Tu-faddel: betekent "alstublieft" en kan worden gebruikt als we lektuur aanbieden en de ander het Nederlands niet goed verstaat. Als we bijvoorbeeld een Evangelie overhandigen kunnen we zeggen: "Hediia-lic... tu-faddel" ofwel: "Een geschenk voor u... alstublieft."

Zabur: het Arabische woord voor "Psalmen", die ook voor moslims het Woord van God zijn.

Zakat: het woord betekent letterlijk "reiniging". Technisch gezien is het de verplichte aalmoes die door de islam wordt voorgeschreven, namelijk 2,5% van de persoonlijke inkomsten. De zakat wordt vaak gebruikt om de Heilige Oorlog te bekostigen.

Bibliografie

Islam Revealed, Dr. Anish A. Shorrosh, Nelson, 1988

The Bible or the Qur'an, F.S. Copleston, Nuprint Ltd., 1989

The Qur'an or the Bible: Which is the Word of God? Jay Smith, 1996

Sharing your faith with a muslim, Abdiya Akbar Abdul-Haqq, Bethany House Publishers, 1980.

Building Bridges between Christianity and Islam, Fouad Elias Accad, Navpress, 1997

God has chosen for me everlasting life, Hamran Ambrie, The Good Way

Behind the Veil, (schrijver en uitgever onbekend, 1994)

Islam, Alfred Guillaume, Penguin Books, Londen, 1973

The Mizann'i'hagg, C.G. Pfander, Light of Life, 1835

Parfum uit Pakistan, Bilquis Sheikh, Evangelische Lectuur Kruistocht

Islam and Christian Witness, Martin Goldsmith, MARC Europe/STL

Zover het Oosten is van het Westen..., Jo Ruffin, Uitgeverij Medema / AWZ

De verscheurde sluier, Thelma Sangster, Uitgeverij Gideon, 1987

De gesluierde parel en andere verhalen, Mirjam de Hoop, Uitgeverij Gideon, 1995

Mijn strijd voor Allah, Johanna Al-Sain / Ernst Schrupp, Uitgeverij Barnabas, 2002

Thomas Schirrmacher

Hoop voor Europa

66 stellingen

Voorwoord door Diederick Eikelboom

Hoe kunnen we de Bijbelse basis van onze hoop onderbouwen naar zowel betrokken christenen als ongelovigen? Hoe kunnen we verantwoording afleggen van onze hoop aan kamerleden, aan zakenmensen of aan moeders? Hoe kunnen we onze vlag van hoop hijsen in een wereld die ten onder gaat aan hopeloosheid en pessimisme?

We zijn daarom erg blij dat wij u de stellingen van Dr. Thomas Schirrmacher kunnen voorleggen. Deze stellingen combineren ons verlangen om de schat van Bijbelse hoop voor velen, theologen en leken, te openen en hen aan te moedigen om over dit onderwerp na te denken.

Dr. Peter Regez
Voorzitter van de studiegroep "Hope for Europe" van de Europese Evangelische Alliantie en van Lausanne Europa, tevens Internationaal Zendingsdirecteur van het Janz Team.

Pb. · 88 blz. · 8,00 €
ISBN 978-3-933372-97-6

VTR · Gogolstr. 33 · 90475 Nürnberg · Duitsland
info@vtr-online.eu · http://www.vtr-online.eu

www.ingramcontent.com/pod-product-compliance
Lightning Source LLC
Chambersburg PA
CBHW060847050426
42453CB00008B/871